CURSO DE ESPAÑOL

Espacio Joven

Libro de ejercicios

Equipo ESPACIO

Nivel

B1.1

© Editorial Edinumen, 2012

© **Equipo Espacio:** Francisca Fernández Vargas, Luisa Galán Martínez, Amelia Guerrero Aragón, Emilio José Marín Mora, Liliana Pereyra Brizuela y Francisco Fidel Riva Fernández.
Coordinación: Amelia Guerrero Aragón

Depósito legal: M-36568-2016
ISBN: 978-84-9848-385-7

1.ª edición 2012
1.ª reimpresión: 2015   2.ª reimpresión: 2016

Impreso en España
Printed in Spain

Coordinación editorial:
Mar Menéndez

Edición:
David Isa

Diseño de cubierta:
Carlos Casado

Maquetación:
Carlos Yllana

Ilustraciones:
Carlos Yllana

Fotografías:
Archivo Edinumen

Impresión:
Gráficas Glodami. Madrid

Editorial Edinumen
José Celestino Mutis, 4. 28028 Madrid. España
Teléfono: (34) 91 308 51 42
Fax: (34) 91 319 93 09
e-mail: edinumen@edinumen.es
www.edinumen.es

Reservados todos los derechos. No está permitida la reproducción parcial o total de este libro, ni su tratamiento informático, ni transmitir de ninguna forma parte alguna de esta publicación por cualquier medio mecánico, electrónico, por fotocopia, grabación, etc., sin el permiso previo y por escrito de los titulares del copyright.

La Extensión digital para el **alumno** contiene los siguientes materiales:
- Audiciones
- Actividades interactivas extras
- Actividades colaborativas
- Test de evaluación

Recursos del alumno:
Código de acceso
98483857
www.edinumen.es/eleteca

La Extensión digital para el **profesor** contiene los siguientes materiales:
☐ Introducción
☐ Audiciones y transcripciones
☐ Material fotocopiable y proyectable
☐ Guía de actividades colaborativas

Recursos del profesor:
Código de acceso
Localiza tu código de acceso
en el *Libro del profesor*

En el futuro, podrás encontrar nuevas actividades. **Visita la ELEteca**

Ejercicios

Unidad 1

1.1. Fíjate en las expresiones resaltadas y clasifícalas en el cuadro de abajo.

1. **¡No me lo puedo creer!**, es muy extraño en él.
2. **Al parecer** van a suspender la obra de teatro.
3. **¡Qué fuerte me parece!** La gente no tiene precaución cuando conduce.
4. **Dime, dime**, me muero por saberlo.
5. No me lo puedo creer, **qué guay** eso que me cuentas.
6. **¿Y eso?** ¿Cómo lo sabes?
7. **Según dicen**, se conocieron en Londres.
8. **¡Imposible!** Yo la vi ayer en clase.

a. Expresa sorpresa positiva o negativa. ....
b. Expresa incredulidad o contrariedad. ....
c. Evita decir la fuente de su información o simplemente no la da. ....
d. Expresa curiosidad y requiere más información. ....

1.2. Relaciona estas situaciones con las intervenciones anteriores.

	a. Alguien dice que vio a una compañera en un centro comercial en horario de clase.
	b. Alguien escucha que un chico muy tímido está haciendo un curso de interpretación.
	c. Dos profesores hablan de un accidente de tráfico.
	d. Un amigo le cuenta a otro que la noche anterior conoció a la mujer de su vida.
	e. Alguien le habla a otra persona del inicio de una supuesta relación entre dos famosos.
	f. Dos espectadores de un festival de teatro al aire libre una noche de tormenta.
	g. Dos amigos que están viendo los resultados de un examen.
	h. Alguien necesita saber quién está contando cosas de su vida privada.

1.3. Relaciona las dos columnas para formar frases con sentido.

1. La obra de teatro al aire libre se suspendió **debido a**… ....
2. El coche se salió de la carretera **porque**… ....
3. Ayer suspendí un examen **por**… ....
4. El martes nos escribieron **para**… ....
5. Escribo este correo **con el fin de**… ....
6. **Como** no me matriculé antes del viernes… ....
7. Hemos cambiado el aula prevista **debido a que**… ....

- a. no estudiar.
- b. obtener información sobre los talleres.
- c. la tormenta.
- d. llovía mucho.
- e. no pude hacer el taller.
- f. hay un gran número de matriculados.
- g. informarnos de los nuevos talleres.

tres • **3**

1.4. Clasifica las intervenciones anteriores en este cuadro.

Expresiones de causa		Expresiones de finalidad	
Formales	Informales	Formales	Informales

1.5. Observa estas imágenes y completa en primera persona las historias usando las palabras propuestas.

Ana tuvo una fiesta la semana pasada e intentó ponerse unos vaqueros que compró hace dos años.

quedar pequeños / el otro día / ponerse / elegir / como

Ana: ....
....

Sergio estaba buscando un piso para compartir en Salamanca. Vio este pero no le gustó.

alquilar / ayer / ir a ver / como / al final / muy oscura

Sergio: ....
....

Dani no recibió el correo con la información del nuevo taller, pero estaba muy interesado.

recibir / tener que llamar / matricularse / como / para

Dani: ....
....

Luisa se fue a estudiar a la biblioteca porque en su casa había mucho ruido.

irse / estudiar / ruido / como

Luisa: ....
....

1.6. Este es el correo que recibieron los estudiantes del Instituto *Sapientia* para informarles de la existencia de un taller de cine y teatro. Léelo y transforma las frases en negrita por otras con el mismo significado.

De: Instituto Sapientia
Asunto: Taller de cine y teatro

Estimados estudiantes:
Os escribimos **con el fin de informaros (a)** ....
del próximo taller de cine y teatro que se celebrará las tardes de los jueves y viernes.
Este año nos hemos retrasado más de lo habitual en la notificación de los talleres **por el retraso en la respuesta de los colaboradores (b)** ....,
debido a que tienen muchos compromisos profesionales (c) ....
....
Con el objetivo de encontrar el aula (d) ....
más adecuada rogamos a los interesados matricularse antes del próximo viernes 17.
Os avisamos de que está prohibida la entrada al taller con cámaras **porque queremos proteger la intimidad (e)** .... de nuestros
colaboradores, ambos muy conocidos **por sus profesiones en cine, teatro y televisión (f)**
....
Un saludo

1.7. Completa estas frases con *por* o *para*.

a. .... mí, esta película es muy larga.
b. Los padres de Rosa viven .... el centro.
c. ¿.................. cuándo tenemos que hacer estos ejercicios?
d. Al final no vimos la película porque era .... niños.
e. He comprado una bicicleta .... ir a clase.
f. Recibió un premio .... su larga carrera en el cine.
g. Me han llegado muchas felicitaciones .... correo electrónico.

1.8. Clasifica estas frases en su correspondiente uso de *por* y *para*.

a. Para mí, estudiar en grupo es más divertido que estudiar solo.
b. No hizo bien el examen por no escuchar las instrucciones del profesor.
c. Me han llamado por teléfono esta mañana.
d. Hago la compra dos veces por semana.
e. Ana y Luis han hecho un viaje por Francia este verano.
f. ¿El autobús cinco pasa por el centro?
g. ¿Para cuándo es la redacción?
h. Paco fue a Londres para aprender español.

POR		PARA	
• Causa	....	• Finalidad	....
• Aproximación temporal o espacial	....	• Tiempo, límite o plazo	....
• Medio de comunicación	....	• Opinión	....
• A través de	....		
• Frecuencia	....		

1.9. Completa la historia con los textos que aparecen a continuación.

> El lunes pasado ☐. El miércoles anterior ☐. Al principio ☐ más tarde, ☐, entonces ☐. Al día siguiente ☐. Inmediatamente después ☐ y, al final, ☐.

a. había estado hablando con Daniela sobre los nuevos talleres

b. cambié de opinión porque Daniela me convenció

c. me escribieron para decirme que ya no había plazas porque se había llenado el aula

d. el profesor Paco me aceptó en el taller y me dijo que se habían cambiado a un aula más grande

e. no me apetecía mucho hacerlo porque soy muy tímido, pero

f. me matriculé en un taller de cine y teatro en mi instituto

g. escribí rápidamente para matricularme

h. llamé al Departamento de Literatura para intentar hablar con el responsable del taller

1.10. Ahora, completa esta otra historia usando los marcadores adecuados en los espacios señalados.

> al principio • por cierto • entonces • después • hace unos días • al final

a. .... fui con mi hermano a ver una película al cine. b. .... yo no quería porque estaba muy cansada, pero c. .... mi hermano me convenció. d. .... tuvimos un problema para elegir la película: yo quería ver una de amor, pero mi hermano prefiere las pelis de acción. e. .... sugerí ver una de terror para no discutir por la película y, f. ...., nos encantó a los dos.

1.11. Piensa en tu vida y responde a estas preguntas.

a. ¿Recuerdas las películas que habías visto antes de cumplir 15 años?

Antes de cumplir 15 años ya………………………………………………………………………
……………………………………………………………………………………………………
……………………………………………………………………………………………………

b. ¿Cuántos libros de español habías utilizado antes de este?

Antes de este libro…………………………………………………………………………………
……………………………………………………………………………………………………
……………………………………………………………………………………………………

c. ¿Con cuántas personas habías hablado ayer cuando llegaste a casa?

Cuando llegué a casa ya……………………………………………………………………………
……………………………………………………………………………………………………
……………………………………………………………………………………………………

1.12. Elige la opción correcta.

1. Cuando terminé Primaria…
   - ☐ **a)** tuve 14 años.
   - ☐ **b)** tenía 14 años.
   - ☐ **c)** he tenido 14 años.

2. Cuando yo nací ya…
   - ☐ **a)** habían nacido mis dos hermanos mayores.
   - ☐ **b)** nacieron mis dos hermanos mayores.
   - ☐ **c)** han nacido mis dos hermanos mayores.

3. La semana pasada…
   - ☐ **a)** recibimos un correo del Departamento de Literatura.
   - ☐ **b)** recibíamos un correo del Departamento de Literatura.
   - ☐ **c)** hemos recibido un correo del Departamento de Literatura.

4. Este año…
   - ☐ **a)** hemos organizado un taller de cine y teatro.
   - ☐ **b)** organizábamos un taller de cine y teatro.
   - ☐ **c)** habíamos organizado un taller de cine y teatro.

1.13. Este es el correo que Javier escribe a un amigo para contarle qué tal el taller de cine y teatro que está realizando. Atención, hay cuatro verbos en un tiempo del pasado no adecuado. Corrígelos.

El taller de cine y teatro me está encantando. Tengo que decir que nunca antes hacíamos un taller tan interesante como este. Los encargados del taller son muy agradables y hasta ahora nos dejaban participar mucho y además nos han propuesto actividades muy interesantes.
El taller comenzó la semana pasada pero ya nos lo han avisado con dos semanas de antelación para no tener problemas de espacio. La sesión de ayer ha sido sobre la historia del cine en España y, en mi opinión, ha sido la más interesante hasta ahora.

Pedro

1.14. Los chicos de este taller tienen la oportunidad de entrevistar a este famoso director de cine. Imagina que tú eres el director y contesta a estas preguntas.

a. ¿Cuántas películas habías rodado antes de ganar el Goya en 2007?
....
....
....

b. ¿Cuándo decidiste ser director?
....
....
....

c. ¿Cuál ha sido tu rodaje más difícil?
....
....
....

d. ¿Cómo eras cuando estabas en el instituto?
....
....
....

siete • 7

1.15. Imagina que eres Daniela y participas en el taller de cine y teatro. Escribe un correo electrónico a un amigo explicándole la historia del taller y cuéntale toda la información que tienes del taller y de los organizadores. **No olvides incluir marcadores para dar cohesión al texto.**

Para:
Asunto:

1.16. Completa estas opiniones sobre cine y teatro con las palabras del recuadro.

obra • género • telón • escenario • cartelera • taquillas • director • guion

Me encanta ir al cine, no me importa el **(1)** .... de la película y tampoco me importa hacer cola en las **(2)** .... Siempre consulto la **(3)** .... el mismo día que voy al cine. Mi hermano es más especial, siempre que elige una película se fija mucho en el **(4)** .... y en el **(5)** ....

Prefiero ir al teatro, es mucho más emocionante ver en persona a los actores actuando en el **(6)** .... y escuchar los aplausos cuando finaliza la **(7)** .... Estoy deseando volver a ver cómo se abre el **(8)** ....

1.17. Relaciona las siguientes expresiones con su significado.

1. El finde pasado nos fue de cine. ....•
2. Las películas de denuncia social suelen ser un poco lacrimógenas. ....•
3. Alfredo es muy dramático y últimamente está muy protagonista. ....•
4. Anoche nos partimos de risa con una comedia española. ....•
5. Lo peor de María es que es un poco peliculera. ....•

• **a.** Es una persona un poco exagerada que siempre quiere ser el centro de atención.
• **b.** Vimos una película muy divertida y nos reímos mucho.
• **c.** Es una persona que a veces miente.
• **d.** Fue muy divertido y agradable.
• **e.** Hay películas con argumentos muy realistas que hacen llorar a algunas personas.

1.18. Investiga en Internet y haz una ficha técnica de esta película.

Nacionalidad: ....
Año de producción: ....
Año de estreno: ....
Director: ....
Reparto: ....
Premios obtenidos: ....
Argumento: ....
....

1.19. Relaciona las frases con la imagen correspondiente. Ten en cuenta que a veces puede haber más de una opción.

a. Obtuvo siete premios Goya.
b. Ganó un óscar.
c. Está basada en una obra de teatro.
d. La dirigió Pilar Miró.
e. Dirigió *La Barraca*.
f. Cuenta la historia de una mujer atormentada porque no puede tener hijos.
g. Es el autor de *Yerma*.
h. Se hizo famoso en los ochenta y en la actualidad es uno de los cineastas españoles más internacionales.
i. Perteneció a la Generación del 27.
j. La escribió un poeta y dramaturgo de la Generación del 27.
k. Escribió *La casa de Bernarda Alba* en 1935.

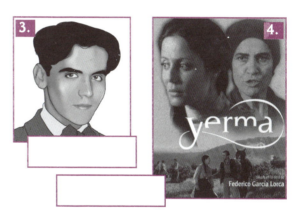

1.20. Busca en esta sopa de letras ocho palabras que se escriben con hache.

T	B	H	O	R	M	I	G	A	H
U	H	I	T	H	P	X	U	F	E
J	Y	E	B	A	E	Z	G	Q	A
H	O	L	A	B	H	H	E	R	B
U	H	O	I	I	O	I	T	U	R
E	A	H	P	T	M	C	E	H	E
V	X	M	C	V	U	H	N	I	I
O	M	A	T	O	P	O	P	I	H

....
....
....

Ejercicios

Unidad 2

2.1. Completa los espacios con los siguientes verbos en la forma y persona adecuadas.

> deber • comer • coger • poder (x 2)

a. ¿............................ aconsejarme? Es que no sé qué hacer en esta situación.
b. ¿Y si .... menos carne?
c. .... cocinar con menos aceite.
d. ¿Qué .... hacer? Voy a llegar tarde.
e. .... el metro, es más rápido que un taxi.

2.2. Relaciona para formar frases con sentido.

1. Deberías salir más,
2. Debes esforzarte más
3. Hace frío en la calle,
4. Yo que tú bebería más agua
5. Yo en tu lugar
6. Yo no trabajaría tantas horas,
7. Yo empezaría a
8. ¿Podrían ayudarme?

a. si vas a salir deberías abrigarte.
b. no es bueno para la salud.
c. Es que estos libros pesan muchísimo.
d. para conservar tu trabajo.
e. llamar a los clientes ahora mismo.
f. estás siempre en casa estudiando.
g. sería sincero con ese amigo.
h. y menos refrescos.

1	2	3	4	5	6	7	8

2.3. Relaciona los diálogos con las imágenes.

a.

b.

c.

d.
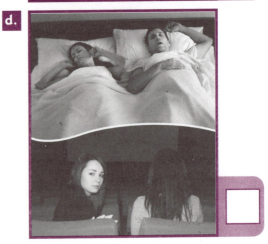

Diálogo 1

▶ ¿Qué le pasa a Paula que está llorando?
▷ Es que le ha ido muy mal en el examen de Lengua.
▶ ¿Por qué? ¿Qué le pasaría?
▷ Supongo que no estudiaría lo suficiente.

Diálogo 2

▶ Pobre Juanito, siempre lo regaña la profesora.
▷ Es que siempre hace alguna tontería en clase. Mira que romper una ventana.
▶ Bueno… lo haría sin querer.

Diálogo 3

▶ No sé, me siento un poco mal.
▷ Pero esta paella está riquísima. Tienes que probarla.
▶ No, no puedo, me siento mal del estómago.
▷ ¿Y eso?
▶ No sé, ayer comería demasiado y ahora estoy fatal del estómago.

Diálogo 4

▶ La película va a empezar en cinco minutos y todavía no han llegado.
▷ Sí, es muy raro porque quedamos a las nueve y ya son las 9:25.
▶ ¡Qué raro! Estarían cansados del viaje, se acostarían y se quedarían dormidos…

2.4. Hiro es guía turístico en España y da algunos consejos sobre diferentes ciudades a sus clientes japoneses. Escribe el verbo entre paréntesis en su forma adecuada. Después, relaciona los consejos con las ciudades y su descripción.

a.
- Yo que tú .... *(tomar)* un ferry desde la misma ciudad, porque es el que más horarios tiene.
- Yo .... *(hacer)* el viaje en ferry para poder ver el paisaje de las islas atlánticas a lo lejos.
- Si vas a quedarte en el camping, ... *(reservar)* antes y .... *(tener)* decidido cuánto tiempo te vas a quedar por adelantado.
- Yo en tu lugar .... *(ser)* precavido para no tener problemas de alojamiento.

b.
- Si visitas esta ciudad, deberías .... *(ir)* a esa plaza tan famosa que es una de las más antiguas de España.
- Yo también .... *(visitar)* los teatros y cines más importantes de la ciudad, así como el lugar donde empiezan todas las carreteras españolas.

c.
- Yo que tú .... *(llevar)* unos zapatos cómodos para poder recorrer todos los rincones y recovecos del casco antiguo.
- Yo .... *(dejar)* el coche en un parking, ... *(ir)* hasta la Plaza Mayor y desde allí .... *(visitar)* las famosas casas, la Catedral, el Ayuntamiento…

d.
- Yo primero .... *(ver)* el monumento que está cercano al río.
- ¿Por qué no .... *(aprovechar)* para también caminar a orillas del río Guadalquivir? Es un paseo muy agradable. Después, yo .... *(visitar)* la Catedral y, por supuesto, su torre más famosa.

1. Madrid

Es la capital de España y cuenta con diferentes monumentos, museos, paseos y características que la hacen una ciudad acogedora y con mucho movimiento a la vez.

La Puerta del Sol es una de sus plazas más conocidas. Allí puedes encontrar la famosa estatua del Oso y el Madroño, así como el kilómetro cero de todas las carreteras españolas.

A pocos metros de la Puerta del Sol y el Palacio Real encontramos la Plaza Mayor, una de las más antiguas de España.

La Gran Vía es la calle más famosa de Madrid, en la que encontraremos los cines y teatros más importantes de la ciudad.

La Puerta de Alcalá es uno de los monumentos más representativos, y fue construida por Francisco Sabatini durante el reinado de Carlos III.

consejos .... *foto* ....

2. Vigo: Islas Cíes

El archipiélago de las Islas Cíes está situado a la entrada de la Ría de Vigo, en la provincia de Pontevedra, España. Las Islas Cíes son tres: la Isla Monteagudo o Isla Norte, la Isla Do Faro o Isla do Medio y la Isla San Martiño o Isla Sur.

En los años 80 las islas fueron declaradas Parque Natural y en el 2002 Parque Nacional marítimo-terrestre de las Islas Atlánticas, junto con otras islas gallegas como Ons, Sálvora, Noro, Vionta, Cortegada y Malveiras, todas ellas en las Rías Baixas gallegas.

La costa de la vertiente este tiene árboles que llegan hasta la arena blanca, que es suave y esponjosa. La vertiente oeste tiene afilados y abruptos acantilados que son refugio de las miles de aves que habitan la isla.

consejos .... *foto* ....

3. Sevilla

Hay dos monumentos que se han convertido en iconos de la ciudad: la Torre del Oro y la Giralda. La Torre del Oro es una fortificación que se encuentra a orillas del Guadalquivir, data del siglo XI y fue usada como torre defensiva, prisión o almacén de las riquezas que venían de las colonias americanas, actualmente alberga el Museo Naval. La Giralda es la torre del campanario de la Catedral, en una época fue la más alta del mundo con sus casi 98 metros.

consejos .... *foto* ....

4. Cuenca

Toda la parte antigua de Cuenca es un monumento en sí misma, un laberinto casi infinito, mágico y único repleto de callejuelas, rincones románticos, miradores, rejas, escaleras, fuentes, plazas y muchas cuestas empinadas. Lo más característico de Cuenca son sus Casas Colgadas, la Catedral, el Ayuntamiento y el puente de San Pablo.

consejos .... *foto* http://www.vercuenca.com/queVisitar/queVisitar1.php

2.5. Marca cuáles de los siguientes verbos son irregulares en condicional simple y conjúgalos.

SALIR	ESTAR	SENTARSE
QUEDAR	HACER	DECIR
PODER	ESCURRIR	COMER
PELAR	SER	PONER

2.6. **a.** Clasifica las siguientes expresiones de cortesía, solicitud o ruego según su grado de formalidad.

	Muy formal	Formal	Informal
1. ¿Te importaría cerrar la puerta?	○	○	○
2. ¿Sería tan amable de facilitarme su número de teléfono?	○	○	○
3. ¿Me dejas el libro de García Márquez?	○	○	○
4. ¿Podrías dejarme tu chaqueta negra?	○	○	○
5. Disculpe, ¿sería tan amable de cederme el sitio en la cola?	○	○	○
6. ¿Te importaría acompañarme a la fiesta de graduación?	○	○	○

b. Ahora relaciónalas con las excusas o justificaciones que las suelen acompañar.

1. Es que tengo mucha prisa. ....
2. Es que todavía no lo he leído. ....
3. Es que la mía está en el tinte. ....
4. Es que lo necesito para poder llamarla y darle la información que usted necesita. ....
5. Es que entra muchísimo frío. ....
6. Es que no tengo a nadie que venga conmigo. ....

2.7. Completa el texto utilizando las siguientes palabras. Ten en cuenta que los verbos hay que conjugarlos.

> espinacas • nata • costillas de cordero • poner • quedarse • deber • ensalada
> garbanzos • mejorar • potaje • bizcocho • cerezas • piña

El otro día fuimos al cine con Marisa y Esteban. Llegaron tarde pero no nos dieron ninguna explicación. Supongo que **(a)** .... dormidos después del largo viaje que hicieron desde La Coruña. La película no me gustó demasiado... La protagonista lloraba todo el tiempo y el argumento era demasiado dramático. Yo, en lugar del director, **(b)** .... unas cuantas risas de por medio y la película **(c)** .... bastante.
Después del cine, nos fuimos a cenar al restaurante de siempre. Yo me comí unas **(d)** .... con **(e)** .... y de postre unas **(f)** .... con **(g)** ....
El que está un poco loco es Esteban, porque se pidió un **(h)** .... de **(i)** .... con **(j)** .... para cenar y de postre un **(k)** .... con **(l)** ....
Esa es una cena bastante pesada. **(m)** .... cuidarse un poco más porque la verdad es que está bastante gordito.

2.8. Ordena el siguiente texto sobre la alimentación en los jóvenes.

☐ Se suele abusar de los refrescos, que añaden cantidades de azúcar no siempre necesaria, de la comida rápida y de los *snacks* (patatas fritas, palomitas, galletas saladas, etc.), que aportan una gran cantidad de energía innecesaria.

☐ Los jóvenes cada vez son más independientes a edades más tempranas y, por tanto, cada vez deciden más qué comer, y también dónde, cómo y cuándo quieren hacerlo.

☐ Es importante hacer hincapié en que la principal bebida que se debe tomar a lo largo del día es el agua, consumir *snacks* con moderación y optar por alternativas saludables para acompañar la pizza y las hamburguesas, como pueden ser ensaladas o verduras. Todo ello acompañado por la práctica de algún deporte, para favorecer la salud, la autoestima y la relación con los demás.

☐ Este hecho puede llevar a algunos desarreglos en la alimentación. Esto, unido a una oferta cada vez mayor de alimentos, acompañada de un bombardeo publicitario, y sumándole el culto al cuerpo excesivo, hace que la alimentación en esta etapa de la vida no sea todo lo correcta que debería ser.

2.9. Transforma los consejos y sugerencias para tener una alimentación sana utilizando las formas que te proponemos.

- Comer alimentos variados a lo largo del día.
  Yo que tú ....
- Comenzar todos los días con un desayuno completo a base de frutas, cereales y lácteos.
  ¿Por qué no ....?
- Repartir lo que comas en cuatro o cinco comidas durante el día.
  Yo ....
- Beber al día mucha agua.
  Yo en tu lugar ....

- Tener cuidado con el alcohol que no alimenta y además engorda.
  Yo ....
- Comer pescados, legumbres, huevos y carnes magras.
  Deberías ....
- Disminuir los fritos, rebozados y alimentos grasos.
  Yo que tú ....
- Aumentar el consumo de frutas y verduras que aportan vitaminas, minerales y muy pocas calorías.
  ¿Y ....?
- Disminuir el consumo de grasas animales, dulces, bollería, bebidas azucaradas y sal.
  Yo en tu lugar ....
- No picar entre horas. Tener a mano frutas u hortalizas por si te entra hambre.
  Yo que tú ....
- ¡Moverse! Hacer ejercicio a diario.
  Yo ....

2.10. **Escribe el nombre de los siguientes alimentos y relaciónalos con su definición correspondiente.**

a. Embutido de color rojo, hecho de carne de cerdo y especias.

b. Alimento que se obtiene de la leche y tiene aspecto de crema.

c. Fruta de color verde.

d. Verdura pequeña de piel verde y carne blanca.

e. Sustancia espesa que se forma en la superficie de la leche.

f. Embutido de color rosa oscuro, hecho con jamón, tocino y pimienta.

g. Sustancia parecida a la mantequilla, que se extrae de ciertas grasas animales y de aceites vegetales.

h. Dulce pequeño, hecho con los mismos ingredientes que el bizcocho.

quince • 15

2.11. Selecciona el alimento más apropiado teniendo en cuenta la definición.

a. Se la denomina "carne blanca":
costilla de cordero • chuleta de cerdo
pechuga de pollo • solomillo de ternera

b. No es un embutido:
salchichón • chorizo • solomillo

c. Es una verdura:
guisantes • lentejas • espinacas • judías

d. No es un cítrico:
plátano • naranja • kiwi

e. Contiene frutas:
yogur natural • yogur desnatado
yogur de fresa

f. Es una legumbre:
berenjena • judía • calabacín

2.12. Escribe las letras que faltan en las siguientes palabras ayudándote de su definición.

a. Hacer comestible un alimento crudo poniéndolo en agua caliente durante un tiempo determinado.
C _ c _ _

b. Peso por encima del normal para tener una buena salud.
S _ _ r _ p _ _ _ _

c. Tipo de leche sin grasa.
_ e _ _ at _ d _

d. Tipo de dieta muy valorada en España porque sigue los valores de la dieta tradicional y es muy buena para la salud. Incluye aceite de oliva, frutas y verduras.
Dieta m _ _ _ _ _ err _ n _ _

e. Tipo de ensalada que lleva lechuga, tomates, atún, aceitunas y cebolla.
Ensalada _ _ _ _ _ _

f. Quitar el agua sobrante a los alimentos.
E _ _ _ rr _ _

2.13. Busca en la sopa de letras 6 verbos y 4 alimentos. Después completa las frases con esas palabras.

VERBOS

Ñ	M	V	E	P	O	N	E	R
U	Z	A	R	F	U	A	I	A
I	C	J	I	O	A	Ñ	U	G
C	O	N	G	E	L	A	R	A
Z	C	A	R	R	I	D	R	U
J	E	U	Z	A	J	I	Z	J
I	R	A	U	I	F	R	O	N
J	R	I	R	R	U	C	S	E

ALIMENTOS

R	I	A	R	P	G	U	A	H	V
I	U	H	L	E	C	H	U	G	A
G	R	R	I	S	A	T	H	A	H
R	R	A	E	C	I	A	T	R	U
Z	Z	A	J	A	A	T	E	B	T
U	I	I	F	D	U	A	T	A	F
R	D	E	G	O	T	G	U	N	A
E	A	I	T	A	U	I	F	Z	F
S	A	J	E	T	N	E	L	O	E
H	F	A	H	I	U	T	A	S	I

a. Esta ensalada está muy sosa. Yo le .... un poco de sal y de aceite.

b. ¿Por qué no .... la lechuga antes de ponerla en la ensalada? Es una cuestión de higiene. De esa manera te evitas enfermedades.

c. Yo en tu lugar .... en remojo los .... para que no queden duros.

d. Pero mujer… le estás dejando toda el agua a la lechuga. La ensalada va a estar horrible… ¿y si la .... antes?

e. El .... congelado sabe bastante parecido al fresco. Si no tienes mucho tiempo para hacer la compra, yo lo ....

f. Yo que tú .... las .... lentamente. A fuego lento se harán mejor y no se desharán.

2.14. Subraya en los textos las partes que deberían ir en cursiva.

a. Cuando vas al Museo del Prado de Madrid, hay tantos cuadros y tantas colecciones expuestas, que es muy difícil decidir qué visitar. Ante esta dificultad, el Museo propone algunos recorridos para poder apreciar las principales obras maestras que se exponen. Según la recomendación del Museo del Prado no hay que dejar de ver obras cumbres de los maestros europeos como La Anunciación de Fra Angélico, El Lavatorio de Tintoretto, El Descendimiento de Roger van der Weyden, El Jardín de las delicias del Bosco o Las tres gracias de Rubens; junto con obras clave de la escuela española como Las Meninas de Velázquez, El sueño de Jacob de Ribera o Los Fusilamientos del 3 de mayo de Goya…

b. Hay obras literarias muy famosas en la literatura hispanoamericana que destacan por diferentes cuestiones y que son altamente recomendables: Cien años de Soledad de Gabriel García Márquez, porque mezcla la fantasía y la realidad en el pueblo mítico de Macondo; Rayuela, de Julio Cortázar, porque es una gran obra y tiene gran estilo, así como El Aleph, de Borges. Octavio Paz, con El laberinto de la soledad, transmite un gran sentido de la responsabilidad social y Miguel Ángel Asturias, autor guatemalteco, denuncia y describe la dictadura de su país en El señor presidente. Por último, 20 poemas de amor y una canción desesperada, de Pablo Neruda, premio nobel chileno, es también altamente recomendable para la lectura, así como El siglo de las luces, de Alejo Carpentier.

2.15. Completa con *x*, *s* o *y* donde sea necesario.

a. Los bue_es tiraron del carro hasta que se agotaron.
b. Entiendo casi todo lo que me dicen en inglés pero no sé e_presarme correctamente.
c. Ese profesor es muy e_timado entre sus colegas.
d. Aunque Pedro es republicano respeta mucho a los re_es.
e. ¿Te lo tengo que e_plicar todo de nuevo?
f. No o_ó bien el cla_on y chocó contra el coche.
g. Para que te quede mejor tienes que e_tirar la masa.
h. Hu_ó y no respetó jamás las le_es.
i. La e_tupidez de ese chico, al que no quiero nombrar, no tiene límites.
j. Las conferencias conclu_eron con el discurso del presidente de la Academia.

Ejercicios

Unidad 3

3.1. ¿Qué dirías en estas situaciones? Usa las formas de expresar deseos y expresiones sociales aprendidas en esta unidad.

a. ....
b. ....
c. ....
d. ....
e. ....

3.2. Lee este correo electrónico y completa el siguiente usando como mínimo cinco expresiones sociales y deseos.

De: Ana@correo.es
Para: Nuria@correo.es   **Asunto:** Buenas y malas noticias

Hola Nuria:
Hoy he tenido un día muy raro. He recibido la mejor y la peor noticia de mi vida. La buena es que me han dado la beca para ir a estudiar a Nueva York. Pero la mala, ha sido terrible. Mis perros, Chucho y Coco, se han escapado esta mañana de casa y los hemos encontrado esta tarde en medio de la calle. Parece ser que alguien los ha atropellado. Chucho ha muerto y Coco está muy herido. Estoy muy triste. Encima mañana tengo un examen y estoy muy nerviosa. Creo que me voy a acostar ya y mañana me levantaré temprano para estudiar.
Nos vemos mañana.
Un beso,
Ana

De: Nuria@correo.es
Para: Ana@correo.es   **Asunto:** Re: Buenas y malas noticias

Hola Ana:
.... la muerte de Chucho y .... Coco .... muy pronto. Ahora debes concentrarte en tus exámenes, que .... muy bien. ¡Ah! ¡.............................. por la beca! Espero que .... en Nueva York. ¿Cuándo te vas? Bueno, yo también me voy a dormir. ....
¡Hasta mañana!
Nuria

3.3. Continúa la frase con un deseo, como en el ejemplo.

a. Mañana es el examen de Química, *espero que no sea muy difícil.*
b. El año pasado hizo mucho calor en verano, ...
c. Estas navidades vamos a ir a esquiar, ...
d. ¡He perdido el autobús y es supertarde! ....
e. Yo creo que te equivocas, pero ojalá ....
f. Si no puedes venir hoy, no pasa nada. ....
g. Si vuelvo a llegar tarde a casa, seguro que mi madre se pondrá furiosa. Espero ....
h. La función empieza a las 20.00. ...., porque si no, no te van a dejar entrar.
i. Mañana vamos a ir a la playa, ...
j. No sé si voy a poder terminar el trabajo de Literatura para mañana, ...
k. Mi hermana se casa el mes que viene. ....
l. Mi abuelo está un poco pachucho. ....

3.4. Completa las frases con los verbos entre paréntesis.

a. Cuando .... *(ser)* mayor me iré a vivir a Australia.
b. Avísame en cuanto .... *(saber, tú)* a qué hora llega tu avión.
c. Cuando .... *(tener)* tiempo, llámame y hablamos.
d. Ojalá me .... *(dar)* la beca para ir a estudiar a Londres.
e. Espero que no nos .... *(poner, los profesores)* muchos deberes para casa.
f. Espero que Antonio no le .... *(decir)* nada a Carmen.
g. Ojalá mañana .... *(hacer)* buen tiempo.
h. Esta noche voy a preparar una merienda en casa para que .... *(conocer, vosotros)* a mi prima Anabel.
i. ¡Que .... *(dormir)* bien y .... *(soñar)* con los angelitos!
j. ¿Te apetece que .... *(ir, nosotros)* al cine esta tarde?
k. Ya sabes que puedes venir cuando .... *(querer)*.

3.5. Completa las frases con el verbo adecuado para que tengan sentido.

a. Cuando me case .... tres hijos.
b. En cuanto me casé, ... mi primer hijo.
c. Cuando .... a casa lo primero que hago es quitarme los zapatos.
d. Cuando .... en Canarias, solía hacer *surf* después del colegio.
e. Al volver a casa me .... de que me había dejado la puerta abierta.
f. No te olvides de coger la llaves antes de .... de casa.
g. Antes de que .... quiero hablar contigo.
h. Cuando .... de Londres, seguí con la costumbre de tomar té a las cinco.
i. Cuando .... de Londres, te contaré todo lo que estoy haciendo aquí.
j. En cuanto .... a María supe que era tu hermana, sois iguales.
k. En cuanto .... a María, dile que la está esperando Antonio, es urgente.
l. Cuando .... con mis amigos, solemos ir al parque.

3.6. Clasifica las frases del ejercicio anterior.

Acciones referentes al pasado	Acciones habituales	Acciones referentes al futuro

3.7. Este verano María se va a Guatemala para ayudar a construir un colegio y está preparando su viaje. Completa las frases para ayudarle a recordar todo lo que necesita.

a. Cambiar algo de dinero .... irme, el resto lo cambiaré cuando .... allí.
b. Gafas de sol, sombrero y crema .... el sol no me queme la piel.
c. Un impermeable para cuando ....
d. Unas botas de montaña para ....
e. Nuestros bañadores para cuando .... a la playa.
f. Lápices y libros .... regalárselos a los niños de allí.
g. La cámara de fotos y un pendrive .... guardar las fotos que hagamos.
h. Un repelente de insectos .... no me piquen los mosquitos.
i. Darles la dirección exacta del alojamiento a mis padres para que .... donde estoy.
j. Un móvil para que mis padres me ....

3.8. Busca 10 verbos con la forma del presente de subjuntivo.

V	E	N	C	U	E	N	T	R	E	S	N
E	V	F	A	I	P	D	D	U	F	G	A
N	I	C	A	D	E	U	O	N	Y	I	N
G	O	U	D	D	U	R	M	A	L	S	O
A	C	A	D	H	I	M	R	L	A	A	E
S	A	L	I	A	S	A	A	E	C	X	B
O	F	I	G	J	A	M	S	U	S	M	E
T	N	B	A	T	L	O	Y	T	P	O	U
S	D	A	I	A	G	S	U	G	L	P	R
L	O	P	S	R	A	L	N	M	A	I	P
U	E	U	A	F	S	J	P	O	N	G	A
R	U	O	P	I	D	A	M	O	S	O	E

3.9. Completa las frases con los verbos anteriores. ¡Cuidado! Hay dos verbos que no son subjuntivo, aunque la forma es igual. Marca qué verbos son y dí cuál es su tiempo verbal.

a. ¿Otra vez has perdido las gafas! Pues espero que las .... rápido, porque en 10 minutos empezamos el examen y si no no vas a ver nada.

b. Espera un momento, no .... impaciente.

c. Cuando .... a mi casa te enseñaré mi colección de insectos.

d. Por favor, no .... la ventana, me estoy muriendo de calor.

e. ¿Quieres que .... la música un poco mas baja? Es que si estás estudiando a lo mejor te molesta, ¿no?

f. ¡Ojalá .... el examen de mates!

g. No quiero que me .... nada. Estoy muy enfadada con vosotros.

h. Creo que esta película va a ser un rollo. Espero que no nos ....

i. Qué pesado es Pedro, siempre cuenta las mismas cosas, espero que hoy no nos .... la misma historia de cuando estuvo en Japón, ¡¡porque no lo soporto!!

j. ¿Quieres que .... ya la cuenta?

La ☐ y la ☐ son las dos frases que no van en presente de subjuntivo, sino en ....

3.10. Clasifica los siguientes verbos según su irregularidad en presente de subjuntivo.

gobernar • dormir • morir • soltar
pensar • volver • empezar • repetir • pedir
encontrar • volar • demostrar • seguir

e > ie Excepto *nosotros* y *vosotros*	e > i

o > ue Excepto *nosotros* y *vosotros*	o > ue Excepto *nosotros* y *vosotros* (o > u)

3.11. Forma cinco frases con sentido.

1. Están construyendo un nuevo orfanato en Lima
2. El ayuntamiento va a abrir una nueva oficina
3. Tenemos que reducir el consumo de CO_2
4. Yo creo que hay que hacer más campañas de sensibilización
5. Los países más ricos deben ayudar económicamente a los países pobres

para que	para

a. la gente se conciencie de lo importante que es reciclar.

b. frenar el cambio climático.

c. terminar con la pobreza.

d. los niños sin familia puedan vivir allí y recibir una buena educación.

e. asesorar a los inmigrantes.

3.12. Un *círculo vicioso* es realizar una pregunta que su respuesta genera otra pregunta. Mira el ejemplo y termínalo. Después crea tu propio círculo vicioso con las palabras que te proponemos.

> Empezar a proteger el medioambiente. ▶ Haber muchas catástrofes naturales y la gente no tener comida. ▶ Aumentar el cambio climático. ▶ La gente debería empezar a proteger más el medioambiente. ▶ La gente no hacer nada por remediarlo. ▶ Darse cuenta de lo importante que es.

¿Cuando empezará la gente a proteger más el medioambiente? ▶ Cuando se dé cuenta de lo importante que es. ▶ ¿Y cuándo se dará cuenta? ▶ Cuando haya muchas catástrofes naturales y la gente no tenga comida. ▶ ¿Y cuándo habrá muchas catástrofes naturales? ....
....
....
....

> No haber hambre en el mundo. ▶ Todos ser más solidarios. ▶ Los países ricos ayudar a los pobres. ▶ Desaparecer la pobreza. ▶ El hambre en el mundo tiene que desaparecer. ▶ No haber desigualdades sociales.

El hambre en el mundo tiene que desaparecer ▶ ....
....
....
....
....

3.13. Construye diez frases posibles frases eligiendo una palabra de cada columna.

Defender	..... a	.... el medioambiente.
Proteger	.... de ...	.... los derechos humanos.
Ayudar	.... en ...	.... la explotación infantil.
Colaborar	... con ...	.... dinero a causas benéficas.
Destinar	. contra .	.... los más desfavorecidos.
Luchar	.... Ø	.... tiempo a los más necesitados.
		.... las injusticias.
		.... el comercio responsable.
		.... el malatrato animal.

1. ....
2. ....
3. ....
4. ....
5. ....
6. ....
7. ....
8. ....
9. ....
10. ....

3.14. Completa las definiciones y encontrarás el nombre de una de las ONG más antiguas del mundo.

1. Por desgracia en el mundo hay muchos .... bélicos.
2. Un .... es una persona que viene de otro país.
3. Las ONG realizan grandes labores ....
4. La palabra .... corresponde a la primera palabra de la sigla ONG.
5. Tenemos que conseguir dinero, tenemos que .... fondos.
6. Dar la .... es dar un dinero a alguien que lo necesita.
7. El .... es sinónimo de "la labor".
8. Los terremotos, las inundaciones, la sequía son .... naturales.

1. C
2.
3. M
4.
5.
6. D
7.
8. T

3.15. Completa el texto con las palabras del recuadro.

representante · iniciativa · solidaria · proyecto · benéfica · fondos · beneficios · donativo

21 de febrero

El lunes 20 en el Hard Rock Café de Barcelona se presentó la Rock&Race, una gira musical **(a)** .... cuyo objetivo es recaudar **(b)** .... para los comedores escolares de *Global Humanitaria* en Perú.

La **(c)** .... está patrocinada por *Rockstar Energy Drink* y cuenta con la participación del piloto de Moto GP Jorge Lorenzo y el grupo de rock Luzzers. Los Luzzers estarán presentes en cada uno de los conciertos de esta gira musical **(d)** .... que tiene su punto de partida el próximo 9 de marzo en la sala Moby Dick de Madrid.

El periodista del mundo del motor ÁlvaroAdemá fue el encargado de abrir el acto de presentación de la iniciativa Rock&Race. Por su parte, Leticia Jaramillo, como **(e)** .... de la ONG *Global Humanitaria*, habló del **(f)** .... de los comedores de Perú, donde se destinarán los **(g)** .... de la Rock&Race. Asimismo, Jorge Lorenzo firmó un casco que se sorteará *on-line* a cambio de un **(h)** .... de 1€. La rueda de prensa se cerró con la presentación del tema oficial de la Rock&Race, *Podemos hacerlo mejor*, compuesta por Luzzers.

Extraído de *www.globalhumanitaria.es*

3.16. Aquí tienes parte de una entrevista a Pilar Orenes, directora de la sede de Madrid de la ONG *Intermon Oxfam*. Léela y luego responde a las preguntas.

> *Consumo responsable, economía sostenible, comercio justo... son expresiones cada vez más oídas. ¿Estamos ante un movimiento global que cuestiona el consumo irreflexivo y desmedido?*
>
> De alguna manera, los objetivos del mundo están en un punto muy diferente al que tenemos organizaciones como nosotros. Es decir, el objetivo del comercio internacional es, en vez del intercambio equitativo, que contribuye a la erradicación de la pobreza, el beneficio de los países más ricos.
>
> *Parece que el consumo es como un signo visible del éxito social. ¿Hay alguna manera de desactivar este mecanismo, de reducir, al menos, su impacto?*
>
> Para nosotros el consumo responsable tiene que partir de una cosa muy clara. Primero, de saber qué hay detrás de la etiqueta del producto (dónde se ha hecho y en qué condiciones) pero también de un criterio de austeridad. No puedes seguir consumiendo lo mismo aunque todo sea responsable. Se trata de reflexionar sobre qué es lo que necesito y lo que me sirve realmente. Entendiendo la utilidad en el amplio sentido de la palabra, un regalo también puede ser necesario o puede tener todo el sentido del mundo. La pauta es saber y ser consciente de lo que es necesario en tu vida y sobre eso trabajar.

1. *Equitativo* significa:
- ☐ a) igualitario.
- ☐ b) injusto.
- ☐ c) desinteresado.

2. *Erradicar* significa:
- ☐ a) reducir.
- ☐ b) eliminar.
- ☐ c) aumentar.

3. "Saber qué hay detrás de la etiqueta del producto" significa:
- ☐ a) saber de qué país procede el producto.
- ☐ b) saber en qué condiciones laborales han trabajado para producir ese producto, si han sido respetuosos con el medioambiente.
- ☐ c) saber cuánto cuesta fabricar el producto.

4. *Consumir con austeridad* significa:
- ☐ a) comprar muy barato.
- ☐ b) comprar solo productos de comercio justo.
- ☐ c) comprar las cosas que realmente se necesitan y vamos a usar.

3.17. A continuación, Pilar nos da una pequeña lista de cosas concretas que podemos hacer para que el mundo sea más justo, aunque hay algunas que creemos que no deben ser de ella. ¿Tú cuáles crees que son?

○ Consultar la guía de *Greenpeace* de buenas costumbres, que te da esas recomendaciones y trucos que te garantizan que estás poniendo tu aportación personal para que el consumo de energía, de agua y otras tantas cosas de nuestro día a día sea más equilibrado.

○ El reciclaje puede ser otra cosa importante.

○ Consumir productos de comercio justo. Cada vez más la variedad y la calidad de estos productos hacen que sean de verdad alternativas.

○ Cuando vayamos al supermercado tenemos que fijarnos bien en los precios y comprar lo más barato. El comercio justo es pagar el precio más bajo por los productos.

○ Participar en actividades de voluntariado. Uno de los bienes más preciados es nuestro tiempo y dedicar parte de él a crear otra manera de pensar y de sentir es también importante y además gratificante.

○ Tirar la basura al mar para que los peces puedan alimentarse.

○ Ser socio de una organización. Las organizaciones quieren ser independientes de las administraciones públicas y necesitan mantenerse. ¿Por qué no contribuir con nuestras pequeñas cuotas periódicas a cualquiera de ellas?

○ Cuestionar dónde invierto el dinero y qué se está haciendo con él. Buscar información sobre qué organizaciones me ofrecen una garantía de que mi dinero se está invirtiendo en temas sociales y ecológicos y no en otra cosa.

○ No hacer compras innecesarias como pueden ser los regalos.

3.18. ¿Qué cosas haces tú y cuáles podrías hacer para mejorar el mundo? Escribe un texto de 100 palabras.

....
....
....
....
....
....
....
....
....
....

3.19. Aquí tienes algunos sinónimos de las palabras que has aprendido en esta unidad. Con la ayuda del diccionario relaciona cada palabra con su sinónimo.

1. Cooperar ....•
2. Iniciativa ....•
3. Dedicar ....•
4. Desastre ....•
5. Tercer Mundo ..•
6. Aconsejar ....•

• a. Destinar
• b. Asesorar
• c. Colaborar
• d. Catástrofe
• e. Países subdesarrollados
• f. Proyecto

3.20. Cambia las expresiones subrayadas por otras que has aprendido en esta unidad.

a. Creo que todos deberíamos concienciarnos y <u>hacer algo</u> para proteger el medioambiente.

b. Los gobiernos se han comprometido a trabajar <u>conjuntamente</u> con las ONG para ayudar a los países del Tercer Mundo.

c. La familia Herrera tiene graves problemas económicos, pero estoy seguro de que <u>conseguirán superar esta situación</u>.

d. Todas las organizaciones <u>que destinen todos sus beneficios a labores sociales</u>, recibirán subvenciones por parte de los ayuntamientos para realizar sus actividades.

e. Anabel va todos los martes y jueves como voluntaria a una escuela infantil con niños discapacitados. Dice que es un trabajo duro, pero que sin duda es el trabajo <u>más gratificante</u> que ha tenido nunca. Está realmente muy feliz.

f. En algunos países cuando usas los baños públicos hay que <u>dar algo de dinero</u>, lo que cada uno quiera.

3.21. Aquí tienes otro texto de la página web de *Global Humanitaria*. Busca en el texto todos los diptongos e hiatos y acentúalos cuando sea necesario.

Apadrina ahora

El apadrinamiento es una forma de colaboracion que vincula a los padrinos con niños de paises donde *Global Humanitaria* lleva a cabo su trabajo. Nos permite realizar proyectos de desarrollo que benefician a la poblacion infantil, muy vulnerable, pero tambien a toda la comunidad en la que viven. Las cuotas de apadrinamiento financian, por ejemplo, la construccion de escuelas y el mantenimiento de comedores escolares, la formacion de adultos, los hogares de acogida para niños de la calle y las iniciativas comunales. La cuota mensual es de 21 euros. Como padrino vas a recibir en tu domicilio una fotografia del niño o la niña apadrinados y una ficha con sus datos personales. A partir de ese momento, puedes establecer correspondencia con ellos.

Gracias por tu colaboracion.

Diptongos	Hiatos

3.22. Separa en sílabas y acentúa las siguientes palabras cuando sea necesario, como en el ejemplo.

frio	*frí-o*	tengais		buey		guardar	
paisaje		bailando		libreria		guia	
Uruguay		magia		heroe		huerfano	
reunion		estariais		cuenta		deciais	
penseis		fruteria		triunfar		paises	
ambiguo		Sebastian		pueblo		ahora	

Ejercicios

Unidad 4

4.1. Escribe nueve frases con sentido.

Estoy contento…
Estoy nervioso…
Estoy encantado…
Estoy cansado…
Me pongo alegre…
Me pongo de muy mal humor…
Me siento bien…
No soporto…
Odio…

….. si …..
… con …
….. Ø ….
. cuando .
… que …
…. de ….

… me cogen las cosas sin permiso.
… vienes a verme.
… tener que esperar a la gente que llega tarde.
… tengo que hacer un examen.
… que veamos siempre las mismas películas.
… mi nuevo libro de español.
… hago ejercicio.
… poder estar aquí con vosotros.
… me cuenten el final de una película.

4.2. a. Relaciona las siguientes expresiones con su imagen correspondiente.

1. la hierba mojada. ………………
2. ver el telediario. ………………
3. practicar deportes de riesgo. ………………
4. coger el metro en hora punta. ………………
5. ver una puesta de sol. ………………
6. olvidarme de algo. ………………
7. compartir momentos con los seres queridos. ………………
8. los bebés. ………………
9. tocar una serpiente. ………………

b. Escribe frases expresando qué estados de ánimo te producen las situaciones de la actividad anterior.

1. ....
2. ....
3. ....
4. ....
5. ....
6. ....
7. ....
8. ....
9. ....

4.3. a. Lee lo que dicen algunos padres sobre sus hijos jóvenes y transforma las frases.

1. Yo me pongo muy nervioso si mi hijo sale con los amigos y veo que se retrasa.
   A mi padre le pone nervioso ....
2. Yo me pongo histérica cuando lo deja todo tirado por la habitación.
   A mi madre ....
3. Yo me pongo de mal humor cuando me dice que está estudiando y lo pillo chateando.
   A mi padre ....
4. Me siento un poco triste cuando veo que se hace mayor y que no me necesita tanto.
   A mi padre le da pena ....
5. Pero también me siento feliz de ver que es una persona cada vez más independiente.
   A mi padre ....
6. Yo me impresiono de ver cómo se manejan con las nuevas tecnologías.
   A mi madre ....

b. Ahora lee lo que piensan algunos jóvenes sobre sus padres y completa los espacios con el verbo en la forma adecuada.

1. A mí me .... (aburrir) .... (tener) que estar siempre diciéndole a mi padre dónde estoy y con quién.
2. A mí me .... (dar) rabia que mi madre .... (estar) siempre diciéndome que arregle la habitación cuando ya está arreglada.
3. Me .... (molestar) que mi padre .... (pensar) que no estoy estudiando porque también estoy conectado al chat, ¡si puedo hacer todo a la vez!
4. A mí me .... (dar) vergüenza que mi madre me .... (seguir) tratando como a un niño delante de mis amigos.
5. Me .... (dar) mucha alegría .... (ver) que mis padres están orgullosos de mí.
6. Me .... (poner) de los nervios las miraditas de mi madre cada vez que una chica me llama por teléfono.
7. Me .... (poner) de mal humor si mi madre .... (decidir) arreglarme la habitación porque después no encuentro nada.
8. Me .... (dar) igual los consejos de mi madre sobre cómo debería vestirme, tenemos gustos tan diferentes…

4.4. a. Completa las siguientes frases.

1. Me dan rabia ....
2. Me da vergüenza que ....
3. .... si llego al cine y veo que la película ya ha comenzado.
4. .... ver que en algunos países los niños no pueden ir al colegio porque tienen que trabajar.
5. .... los insectos, sobre todo las arañas.
6. .... las películas históricas, no sé cómo hay gente que las puede ver sin quedarse dormido.
7. Me indigno cuando ....
8. Me indignan ....
9. .... tener que ir de pie en el transporte público.
10. Me impresiona ....

b. Según la actividad anterior, completa la norma.

1. Si digo *"Me pongo nervioso cuando tengo que exponer un tema delante de la clase"* el sujeto del verbo *poner* es .... Pero si digo *"Me pone nervioso exponer un tema delante de la clase"* el sujeto es ....
2. Si digo *"Odio madrugar"* el verbo *madrugar* aparece en infinitivo porque .... Pero si digo *"Odio que me despierten temprano"* el verbo *despierten* aparece en subjuntivo porque ....
3. Si digo *"A mi hermano y a mí nos dan miedo las arañas"* el verbo *dar* va en plural porque ....; pero si digo *"A mí me da miedo esa película"* el verbo va en singular porque ....

4.5. a. Antonio, Roberto, Álex y Juan son cuatro compañeros de instituto que van a ir de viaje y tendrán que compartir habitación. Lee cómo es cada uno y completa los espacios en blanco con el verbo en la forma correspondiente.

Antonio es muy limpio, no .... (soportar) el desorden y le .... (dar) mucha rabia .... (recoger) las cosas de los demás. Duerme muy profundamente y por eso le .... (dar) igual los ruidos, no lo despertaría ni una bomba.
¡Ah! también es muy presumido, así que no te .... (poner) nervioso si .... (tardar) más de dos horas en salir del baño…

Juan tiene problemas para dormir, por eso le .... (molestar) mucho los ruidos. Adora .... (cocinar), así que siempre se levanta temprano y prepara muy buenos desayunos. También es muy ordenado y limpio. Por las noches le .... (dar) miedo que la gente .... (dormirse) antes que él, por eso se siente mejor si alguien le .... (hablar) hasta que le entra el sueño.

Roberto es tranquilo, cuando está en casa casi ni se le oye, pero sí se le nota, porque va dejando rastro por donde pasa. Le .... (dar) lo mismo que todo .... (estar) desordenado, ese es su ambiente. Además, como es muy tranquilo, tarda muchísimo en ducharse y solo dos cosas le .... (poner) de los nervios: que le .... (meter) prisa y que .... (tardar) más que él en el baño.

A Álex le encanta dormir (y roncar). Odia que lo .... (despertar) por la mañana y le .... (poner) enfermo los despertadores. Solo le .... (poner) de buen humor un buen desayuno.
Eso sí, una vez ya ha desayunado, tarda cinco minutos en ducharse, vestirse y salir de casa. Le .... (dar) un poco de rabia .... (limpiar), pero lo hace porque le .... (dar) más rabia las cosas desordenadas.

b. ¿Quién crees que será más compatible con quién? Escríbelo y justifica tu respuesta.

Yo creo que Antonio sería mejor compañero de…   porque a los dos/los dos…

c. Imagina que tienes que compartir piso o habitación con alguien por una temporada. Escribe un texto explicando cómo eres tú, cuáles son tus manías y costumbres y qué cosas te molestan o no te importan en una convivencia.

4.6. Alando, un joven de Malasia, ha venido a vivir a España durante un año. Lee el correo electrónico que le envía a su amigo y completa los espacios con la perífrasis adecuada, como en el ejemplo. Ten en cuenta que a veces hay más de una opción posible.

empezar a • ponerse a • volver a • seguir • continuar • acabar de • dejar de

De: Alando
Asunto: Hola

¡Hola Yuya!
Hace mucho que no te escribo. ¿........*Sigues viviendo*........ (vivir) en Malasia o ya han destinado a tu padre a Europa?
Yo ya ves, llevo dos meses en Madrid y creo que ahora .... (acostumbrarse) a la vida española, y es que aquí todo es muy diferente. Nada más llegar a Madrid .... (estudiar) español en una escuela de idiomas por las mañanas, pero no .... (estudiar) mis asignaturas del curso en Malasia, sino que .... (estudiar) por Internet. Tengo un tutor virtual que supervisa todas las semanas mis trabajos y me pone exámenes y deberes.
Justo antes de escribirte le .... (enviar) mi último examen, que era muy difícil, pero espero aprobar.
Por cierto, ¿qué sabes de Ian? Me escribió en Navidad y, aunque le he enviado varios correos desde entonces, no .... (saber) nada de él, creo que está perdidísimo, ni aparece por *facebook*…
Bueno, ahora tengo que hacer mis deberes de español, ¡¡que mi profesora me pone muchos deberes!! Cuéntame cómo estás y ¡dónde! Y, por favor, no .... (escribir).
Un abrazo,
Alando

4.7. Observa los dibujos y completa las expresiones con los verbos de cambio: *hacerse*, *ponerse*, *quedarse* y *volverse*.

4.8. Relaciona los elementos de las dos columnas y completa los espacios con el verbo de cambio más adecuado combinado con alguna de las siguientes palabras.

embarazada · estúpida · roja · nerviosa · empresaria · vegetariana · blanca

1. A María le gusta Pedro, ... •
2. Había estudiado mucho, pero cuando he visto el examen delante de mí .... •
3. Cuando le hemos dicho que habíamos ganado el premio ...... •
4. Mi madre .... •
5. No soporto a Laura .... •
6. Desde que estuvo trabajando en el zoo .... •
7. Dice Susana que su tía .... •

• **a.** empezó de dependienta en una tienda de ropa y aprendió tanto que al final .... y creó su propia marca de ropa.
• **b.** ...., así que ¡vamos a ser cuatro hermanos!
• **c.** .... y no he podido contestar ni una pregunta.
• **d.** desde que la han seleccionado para el papel principal en la obra ....
• **e.** por eso cuando ha pasado por delante de él .... como un tomate.
• **f.** ...., tanto que pensábamos que se iba a desmayar.
• **g.** está en contra de que maten a los animales, por eso se ha .... también.

4.9. Completa la siguiente biografía usando para cada espacio en blanco un elemento de cada caja y conjugando los verbos cuando sea necesario.

> ponerse (2) • volver a (2) • empezar a hacerse • acabar de (2) • quedarse (2) seguir • dejar de • volverse • ponerse a

> embarazada • roja • separar • más hogareña budista • tan nerviosa • llegar • blanca • ver tener • viajar • trabajar • reír • acercar

Lo conocí en una fiesta de disfraces, yo iba de fresa y él de plátano, cuando alguien nos dijo que juntos hacíamos una buena… macedonia **(a)** .... como un…, bueno, como una fresa, ¡qué vergüenza!
Después no nos **(b)** .... en toda la fiesta, supongo que para evitar otro comentario del estilo. No lo volví a ver. Ese mismo mes me fui a vivir a Nueva York y allí **(c)** .... como modelo y con lo que ganaba me pagaba mis clases de fotografía. A través de un compañero de la escuela me surgió la posibilidad de viajar a la India para hacer un reportaje fotográfico sobre las mujeres en aquel país y aquel viaje cambió mi vida, tanto que cuando regresé a España decidí **(d)** .... **(e)** .... a Madrid cuando me llamaron de la revista internacional *Geology* para decirme que había sido seleccionada como finalista a su premio anual de fotografía. No me lo podía creer, **(f)** .... como el papel, de hecho mi pobre madre que estaba a mi lado pensó que había sucedido alguna desgracia. El día de la entrega de premios me vestí con un vestido rojo impresionante y llegado el momento de las nominaciones sentí que el corazón se me salía por el escote. Entonces apareció él de nuevo, **(g)** .... que ni oí mi nombre cuando él lo pronunció. Un compañero, que había venido conmigo a la gala, me tuvo que dar un codazo para hacerme reaccionar. Una vez en el escenario se me olvidó el discurso que tenía preparado y lo único que se me ocurrió fue bromear con él y decirle delante del público: vaya, esta vez has preferido no venir de plátano. Todo el mundo **(h)** ...., menos él, la verdad. Esa noche me pareció el hombre más atractivo del mundo. Nos sentaron juntos en la cena y a partir de entonces nos **(i)** ...., cada vez más, hasta que un día él me dijo que no se quería **(j)** .... de mí.
Ya llevamos cuatro años juntos. Al poco tiempo de casarnos yo **(k)** .... de Carlos, y ahora **(l)** .... a nuestra segunda hija, Eva.
Si alguien me pregunta ahora qué echo de menos de mi vida de modelo, diría que el **(m)** .... por todo el mundo, aunque la verdad es que con el tiempo y los niños **(n)** .... y, sinceramente, lo que más me gusta es pasar el tiempo con mi familia.

4.10. Piensa en todos los cambios que has experimentado en tu vida y escribe frases sobre ellos.

4.11. **a.** Escribe las letras que faltan en los siguientes adjetivos de carácter.

1. S _ N _ _ R _
2. T _ _ _ Q _ _ _ _
3. G _ _ _ R _ S _
4. F _ _ X _ _ L _
5. T _ _ _ R _ _ T _
6. S _ _ _ I B _ _
7. C _ M _ _ _ NS _ _ _
8. _ D _ C _ D _
9. R _ SP _ _ _ _ B _ _
10. F _ _ RT _
11. P _ NT _ _ L
12. _ P _ _ M _ S _ _
13. T _ _ _ _ J _ D _ _
14. S _ G _ _ _
15. P _ C _ _ _ T _

b. Ahora completa el crucigrama con los contrarios de los adjetivos anteriores.
• **Verticales:** contrarios de 1, 2, 5, 6, 10, 12 y 15.
• **Horizontales:** contrarios de 3, 4, 7, 8, 9, 11, 13 y 14.

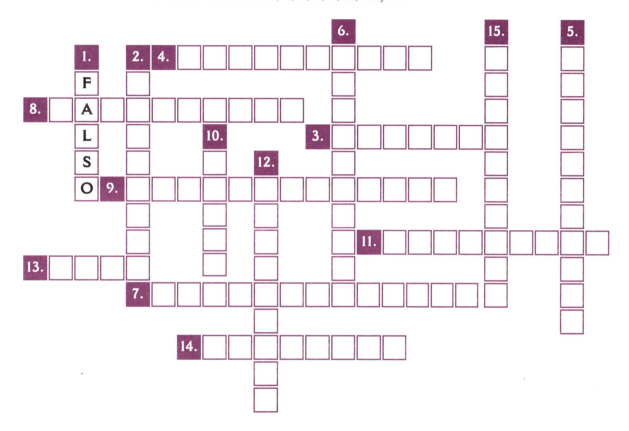

4.12. Lee lo que opina una joven española y después contesta a las preguntas.

Los jóvenes de hoy en día

Hoy en día, a los jóvenes se nos acusa de muchos aspectos en los que no solamente nosotros tomamos parte. Son muchas las veces en las que somos tratados como inmaduros e irresponsables, mientras nosotros nos consideramos más bien incomprendidos.

A cada uno le ha tocado vivir su juventud en una determinada sociedad y, por suerte o por desgracia, a los jóvenes de hoy en día nos ha tocado vivir en esta, donde las cosas cambian continuamente y todo se renueva antes de que te puedas dar cuenta. Las puertas se nos abren cada día a nuevos mundos donde nos tocará decidir qué papel queremos tomar en ese juego y ahí es donde cada uno elegirá qué camino seguir.

Entre los jóvenes hay de todo, pero como en todo lo demás, no se puede generalizar y hablar de "los jóvenes de hoy en día" como un todo. Hay que saber distinguir y diferenciar.

treinta y tres • **33**

Nosotros también trabajamos y luchamos por nuestro futuro, no somos solamente una "cuadrilla de gamberros" que solo piensan en salir de fiesta y hacer "botellón" para manchar las calles. Seguro que habrá cosas que haremos mal, pero no es justo que seamos criticados solo por los aspectos de nuestras vidas que los "críticos" consideren.
Una buena opción sería tratar de ponernos en la situación del prójimo para entenderla mejor, tanto unos como otros, de tal forma que todos podríamos juzgar con más justicia.
(Lorena Pérez)

Extraído de: *http://jovenes_problemas_e_inquietudes.lacoctelera.net/post/2006/12/10/-los-jovenes-hoy-dia-*

a. Según el texto, ¿crees que ser joven es más difícil ahora que antes o al contrario? Justifica tu respuesta.

b. ¿Qué crees que significa la expresión "cuadrilla de gamberros"? ¿Y "hacer botellón"?

c. ¿Cuál es la solución que propone la joven para que haya un mayor entendimiento entre personas de diferentes generaciones?

d. ¿Estás de acuerdo con la opinión de la joven? ¿Por qué?

e. Según tu opinión, ¿cómo crees que sois y os comportáis los jóvenes de tu generación?

4.13. Escribe la palabra correspondiente a cada definición.

a. _____	Establecimiento comercial donde se exponen y venden cuadros, esculturas y otros objetos de arte.
b. _____	Persona que compone poemas.
c. _____	Capturar una imagen con una cámara para después poder volver a verla.
d. _____	Persona que toca un instrumento de cuerda compuesto de una caja de resonancia en forma de ocho, cuerdas y que se hace sonar con un arco.
e. _____	Grupo de músicos que interpretan obras musicales con diversos instrumentos.

f. _ _ _ _ _ _ _ _	Hacer la prueba de una actuación antes de representarla.
g. _ _ _ _ _ _ _ _ _	Hombre que se dedica profesionalmente a ejercitar el arte de bailar.
h. _ _ _ _ _ _ _	Pintura de una persona.
i. _ _ _ _ _ _ _ _ _	Mujer que se dedica a realizar esculturas.
j. _ _ _ _ _ _ _	Pintura o dibujo que representa cierta extensión de terreno.

4.14. Escribe la profesión de los siguientes artistas españoles y qué frases corresponden a cada uno de ellos.

1. Ángel Corella:

2. Leticia Moreno:

3. Antonio López:

a. En 2001 creó la fundación que lleva su nombre, con el propósito de fomentar el arte de la danza clásica y de facilitar la formación a quien no se lo puede permitir.
b. Referente del realismo extremo, hunde sus raíces en la más pura tradición realista española.
c. Recientemente declaró que lo fascinante de ser músico es que siempre hay cosas nuevas por descubrir.
d. Ante la actual crisis de la enseñanza de las Bellas Artes, donde a la pintura abstracta o figurativa se le han sumado nuevos medios de contar las historias, dijo: "No hay que empeñarse en tener razón, sino dudar junto al que está contigo, más joven, y ver a dónde nos conduce todo esto".
e. Por su virtuosa forma de tocar es una de las personalidades más destacadas de su generación y ha recibido elogios de público, crítica y directores.
f. Los protagonistas de sus obras son los objetos y los sucesos de la vida cotidiana.
g. En una reciente entrevista declaró: "No eliges a la danza, ella te elige a ti".
h. Comenzó su formación en danza clásica a los diez años.
i. Rostropovich fue uno de sus maestros.
j. En 2007 se licenció con Matrícula de Honor en la *Guildhall School of Music and Drama* de Londres, recibiendo el grado más alto jamás logrado en la historia de la escuela por su recital de fin de carrera.
k. Siendo aún muy joven actuó con las orquestas internacionales más destacadas y en las salas más prestigiosas del mundo.
l. Actualmente está trabajando en un paisaje de Madrid.
m. En mayo de 1991 ganó el primer premio en el Concurso de Ballet Nacional de España.
n. Recibió en 1985 el Premio Príncipe de Asturias de las Artes y en 2006 el Premio Velázquez de Artes Plásticas.
ñ. Ha trabajado en las mejores compañías de danza de todo el mundo.
o. Toca un Nicola Gagliano de 1762.
p. Ha ganado los primeros premios de concursos internacionales como el Henryk Szeryng, Concertino Praga, Novosibirsk, Sarasate y Kreisler.
q. Su tío fue quien alentó su dedicación por la pintura.

4.15. Escribe el nombre de las siguientes imágenes y decide si son voces adaptadas o no.

a. _ _ _ _ _ Á _   b. _ _ _ _ _ _ _ _   c. _ _ _ _ _ _ _ _   d. _ _ _ _ _ _

e. _ _ _ _ _ _   f. _ _ _ _ _ _   g. _ _ _ _ _ _ _   h. _ _ _ _ _ _ _ _ _   i. _ _ _ _ _ _ _ _

4.16. **a. Lee el siguiente texto y, en las palabras resaltadas en negrita, marca por dónde se podrían dividir a final de línea.**

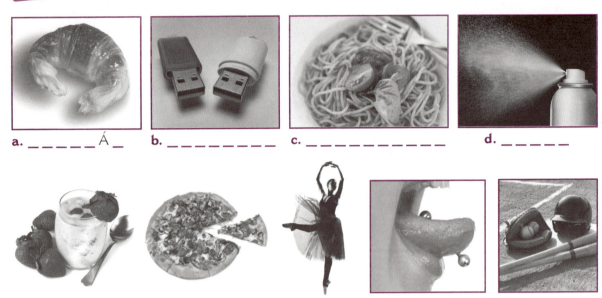

"Todo el mundo **p**retende entender la pintura. ¿Por qué no intenta**n** **comprender** el canto de los pájaros? ¿Por qué nos gusta la noche, una flor o **cualquiera** de las cosas que tenemos a nuestro alrededor, sin intentar **comprenderlas?**... Que se comprenda primero que un artista tra**b**aja porque **l**o necesita, que **también** él es uno de los **p**equeños elementos de que se compone el mundo y al que no se le **debe** conceder más **i**mportancia que a tantas otras **c**osas que en la **n**aturaleza nos **encantan** y de las cuale**s** no pretendemos dar ninguna explicación. Lo**s** que **pretenden** explicar un cuadr**o** siguen, en la mayoría de los casos, un camino **equivocado**".

b. Marca si las siguientes afirmaciones son verdaderas (V) o falsas (F).

	V	F
1. Los grupos *pr*, *br*, *bl*, *cl*, *ch*, *ll*, *rr*, *gu*, *qu* no se pueden separar a final de línea.		
2. Los grupos de vocales sí se pueden separar a final de línea.		
3. Los prefijos como *pre-*, *geo-* o *psi-* no se separan a final de línea.		
4. Una vocal no debe quedarse sola a final o a comienzo de línea.		
5. Pueden separarse a final de línea todas las palabras independientemente de cuantas sílabas tengan.		

c. ¿Reconoces al artista que dijo estas palabras? Si no conoces su nombre, te lo indicamos con las letras que aparecen en morado en el texto. ¿Estás de acuerdo con su opinión? Escribe por qué.

....
....
....

Ejercicios

Unidad 5

5.1. **a.** Aquí tienes diferentes proyectos de una agencia de publicidad para presentar sus ideas para la próxima campaña dirigida a los jóvenes. Lee la información sobre ellos.

treinta y siete • 37

b. Los creativos de la agencia están interesados en las opiniones de algunos chicos que ya han vivido estas experiencias. Completa las frases con el verbo correcto. Después, relaciónalas con el proyecto del que hablan.

1. Miguel (16 años)
Creo que estas páginas te .... (facilitar) mucho la vida. No tienes que salir de compras varios días y a diferentes centros, lo puedes hacer todo desde tu sofá a unos precios sin competencia.

2. Silvia (17años)
No me parece que .... (ser) ninguna tontería coger tu mochila y recorrerte con tus amigos muchos países. Opino que el tren te .... (ofrecer) la posibilidad de relacionarte con la gente, ver el paisaje.
¡Te puedes mover!

3. Mina (18 años)
No creo que se .... (poder) aprender un idioma sin ir al país en el que se habla, porque es obvio que una lengua .... (ser) mucho más que la gramática.

4. Nélida (19 años)
Me encanta leer y ya no tengo sitio… por eso me parece increíble que .... (tener, nosotros) esta oportunidad. ¡Sensacional!

5. Alberto (16 años)
Me encanta hacer mezclas, quiero ser un DJ o pinchadiscos, como queráis. No pienso que .... (haber) nada más fácil ahora.

6. Germán (17 años)
¡Fue genial! Y no es necesario que .... (saber) hacerlo todo. Hay profesionales que te enseñan y te guían.

7. Carmen (18 años)
Siempre he buceado con mi familia, adoro el mar… Opino que las especies marinas .... (deber) estar todas protegidas para mantener el equilibrio que estamos destruyendo.

8. Quique (18 años)
Antes de llegar al campo de trabajo pensé que .... (ser) yo el que iba a ayudar a un país subdesarrollado, pero ahora no me parece que los voluntarios .... (dar) tanto como ellos nos dan a nosotros.

9. Andrés (16 años)
Desde mi punto de vista esto .... (ser) mejor que .... (ir) al cine. Y me encanta el cine, pero es muy caro y yo no tengo tanto dinero.

5.2. a. Clasifica las expresiones según expresen acuerdo, desacuerdo o suavicen el desacuerdo.

pero, ¡qué dices! • ¡desde luego! • por supuesto • a mi modo de ver
lo que pasa es que • ¡y que lo digas! • ¡qué va! • tenéis razón, pero

Expresar acuerdo	Suavizar el desacuerdo	Expresar desacuerdo

b. Completa ahora el diálogo de los creativos con las expresiones anteriores.

Alejandro: En mi opinión, creo que el proyecto por el que deberíamos empezar es el de vacaciones solidarias.

Patricia: (1) ...., la idea es muy buena, un viaje internacional para fomentar la paz y el entendimiento entre los pueblos. ¡Uf!

Jorge: (2) .... Sí, sí. En estos campos internacionales se crea un aprendizaje intercultural y al mismo tiempo se apoyan proyectos sociales, ambientales o culturales propios de estas comunidades. ¡Me parece genial!

Cristina: (3) .... el tema es interesante, (4) .... puede resultar pesado, denso, y hay que tener 18 años, pagar una cuota, hacerte socio, el viaje es por cuenta de los chicos…

Alejandro: (5) .... ¡pesado!, ¡denso!... La idea es crear grupos de gente de diferentes países, que viven y trabajan juntos en un proyecto común y de forma voluntaria.

Jorge: (6) ¡................................ Alejandro! Las barreras entre los chicos y la comunidad desaparecen y el entendimiento internacional se incrementa.

Cristina: Chicos, (7) ...., creo que deberíamos empezar por algo potencialmente más amplio, que abarque a un público mayor, por ejemplo para aprender idiomas en el extranjero, no es necesario ser mayor de edad…

Patricia: (8) .... Eso lo pueden hacer al mismo tiempo con las vacaciones solidarias, Cristina, y además conseguimos sensibilizar a las personas, a los jóvenes sobre su importante papel en la solución de los problemas de nuestra sociedad.

Cristina: Bueno, bueno, un café… y seguimos hablando…

5.3. **a. En otra sesión de trabajo los creativos observan los siguientes carteles y esto es lo que comentan. Elige la opción correcta del verbo. Después, da tu opinión.**

Alejandro: ¿Te parece bien que la competencia *utilice/utiliza* (1) modelos reales en esta campaña en lugar de las habituales?

Jorge: No solo me parece bien, sino que es fantástico que lo *hagan/hacen* (2) y me encanta la idea de que se *ponga/pone* (3) de moda.

Alejandro: La verdad, es que también es justo que se *suba/sube* (4) la talla mínima en los desfiles de moda, y no solo porque sea irreal, también es antinatural y antiestético.

Jorge: Está claro que a los hombres no nos *gusten/gustan* (5) las mujeres tan delgadas.

¿Y tú qué opinas? ....
....

treinta y nueve • **39**

Patricia: ¿Te parece mal que algunos publicistas *ganen/ganan* (6) dinero criticando a sus colegas?

Cristina: ¿De quiénes hablas? No te entiendo.

Patricia: De esta organización que hace contrapublicidad, *Adbusters*. Yo creo que es injusto que *jueguen/juegan* (7) a lo mismo y *pretendan/pretenden* (8) reprendernos con ello.

Cristina: Bueno, no sé… no estoy totalmente en contra de que *utilicen/utilizan* (9) los mismos medios. ¡Son unos artistas geniales! Sí, claro, intentan compensar la manipulación que alguna publicidad hace, en esto estoy de acuerdo. Es obvio que la publicidad *deba/debe* (10) informar y *quiera/quiere* (11) vender, pero con unos límites, como nosotros, ¿no?

¿Y tú qué opinas? ....
....

b. Clasifica en la siguiente tabla las expresiones utilizadas en el ejercicio anterior para expresar opinión y valoración según necesiten subjuntivo o indicativo.

Opinión y valoración	
Con indicativo	**Con subjuntivo**
Creo que	

5.4. Ahora ordena las siguientes palabras y construye frases correctas conjugando el verbo en subjuntivo o en indicativo.

a. alguna/positiva/con/publicidad/del/es/que/la/producto/la/englobar/diferencia/originalidad/importante.
....
....

b. parece/me/publicidad/la/producto/del/atributos/que/imprescindible/y/decir/las/características.
....
....

c. claro/que/está/tener/objetivo/como/anuncios/los/consumidor/atrapar/al.
....

d. publicidad/la/que/creo/modificar/tratar/de/consumidor/el/comportamiento/del.
....

5.5. Completa las siguientes frases, conjugando los verbos indicados.

a. Me parece bien que el Gobierno .... (controlar) las descargas de Internet.
b. Es verdad que la gente .... (expresar) libremente su opinión en la calle.
c. Es ridículo que el profesor .... (poner) el examen mañana.
d. Está claro que .... (deber, nosotros) proteger el medioambiente.
e. Me parece increíble que Bea .... (estar) enfadada conmigo.
f. Creo que la juventud .... (leer) poco.
g. No creo que .... (ir, yo) este fin de semana contigo.
h. Es una tontería .... (comprar) dos pantalones iguales.
i. No me parece bien que .... (hacer, tú) eso.
j. Estoy a favor de que la gente .... (reciclar).
k. ¡Qué bien que nuestro instituto .... (abrir) por las tardes!

5.6. Corrige las frases que sean incorrectas.

a. Opino que es malo tener obsesión por el deporte.
....

b. No creo que Ana come demasiado.
....

c. Estoy en contra de que llamen por teléfono.
....

d. No creen que el huracán llegue este viernes.
....

e. Pienso que la última película de Almodóvar sea un éxito.
....

f. No creo que la encuentras aquí, se marchó hace tiempo.
....

g. Está claro que su éxito dependa de nosotros.
....

h. Me parece fatal que no llame para decir que viene tarde.
....

i. Es fantástico que vamos juntos al parque de atracciones.
....

j. Es verdad que el examen fue difícil.
....

k. Es horrible que el tren no espera ni dos minutos.
....

l. Me parece bien que la biblioteca ha adquirido nuevos ejemplares.
....

cuarenta y uno • **41**

5.7. Ordena los siguientes párrafos y organiza las ideas del texto con los conectores adecuados para saber qué es *Inditex*.

> por un lado • por otro • y también • con respecto a • es decir

	.... una excelente acogida social de la propuesta comercial de las cadenas citadas.
	Su forma de entender la moda, ..., su creatividad, su diseño de calidad y una respuesta ágil a las demandas del mercado, han permitido su rápida expansión internacional
	Inditex es uno de los principales distribuidores de moda del mundo, en este grupo están: Zara, Pull & Bear, Massimo Dutti, Bershka, Stradivarius, Oysho, Zara Home y Uterqüe. Todos ellos cuentan con 5402 tiendas en 78 países.
	.... a estas, podemos destacar Zara que abrió en 1975 en La Coruña (España), lugar donde inició su actividad el grupo y donde están los servicios centrales de la compañía, ahora presente en más de 400 ciudades en Europa, América, Asia y África.
	...................., el grupo reúne a más de un centenar de sociedades relacionadas con las variadas actividades que conforman el negocio del diseño, la fabricación y la distribución textil.
	...................., su modelo de gestión, basado en la innovación, la flexibilidad y los logros alcanzados, han convertido al grupo en uno de los más grandes.

Adaptada de http://www.inditex.es/es/quienes_somos/nuestro_grupo

5.8. Relaciona los elementos de las tres columnas y encontrarás información interesante acerca de algunas cadenas de tiendas del grupo *Inditex*.

1. **Massimo Dutti** (568 tiendas en 51 países) es el resultado de un diseño universal que combina estilos básicos y actuales.	**a.** de ahí	I. su éxito entre personas, culturas y generaciones que, a pesar de sus diferencias, comparten una especial sensibilidad por la moda.
2. **Bershka** (785 tiendas en 56 países). Las tiendas son grandes, espaciosas y tienen la voluntad de ser puntos de encuentro entre la moda, la música y el arte de la calle.	**b.** incluso	II. para ello diseñamos los espacios de tal forma que comunican el mensaje y el sentimiento de los productos que vendemos.
3. **Pull & Bear** (728 tiendas en 49 países). Vestimos al mundo con un único producto y hablamos un mismo idioma, formando parte de una cultura joven y universal. Creamos ropa y complementos,	**c.** Sin embargo	III. se pueden ver vídeos, escuchar CD o leer revistas, en una tienda donde la experiencia de ir de compras se convierte en una inmersión sociocultural en la estética joven del siglo XXI.
4. **Stradivarius** (659 tiendas en 46 países). Apuesta por la moda femenina internacional con diseños de vanguardia.	**d.** Total que	IV. son siempre prácticos, agradables y de gran calidad.
5. **Zara** (1603 tiendas en 78 países). Marcha al paso de la sociedad, vistiendo aquellas ideas, tendencias y gustos que la propia sociedad ha ido madurando;	**e.** Por lo tanto	V. sus tiendas son amplias y con una ambientación joven y dinámica para las jóvenes con un estilo informal e imaginativo.

Adaptado de http://www.inditex.es/es/quienes_somos/nuestro_grupo

5.9. Escribe las palabras relacionadas con Internet a las que pertenecen las siguientes definiciones.

a. **U**............: Es la persona que utiliza en un ordenador cualquier sistema informático.

b. **B**............: Es un formato publicitario en Internet que consiste en incluir una pieza publicitaria dentro de una página web.

c. **B**............: Son web de formato simple, pueden ser personales o comerciales, de uno o varios autores, se puede publicar un tema, información o noticia de forma periódica; la mayoría son de inscripción gratuita, en otros hay que pagar para su suscripción.

d. **B**............: Sitios especializados para facilitar la búsqueda de información entre los millones de páginas web existentes.

e. **W**............: Es un sitio que sirve para ofrecer acceso a una serie de recursos y de servicios relacionados con un mismo tema. Puede incluir: enlaces, buscadores, foros, documentos, aplicaciones, compra electrónica…

f. **H**......... **c**............: La acción de pulsar cualquiera de los botones del ratón del ordenador. Como resultado de esta operación, el sistema aplica alguna función o proceso al objeto señalado por el cursor en el momento de realizarla.

g. **A**............ **d**...... **t**............: Son anuncios publicitarios realizados con texto y tienen un título y un eslogan o idea de venta (una breve descripción del producto), la dirección de la web y un enlace; puede ser sin imagen o con imagen.

h. **D**............: Copiar a través de una red (Internet, BBS, etc.) un elemento que se encuentra ubicado físicamente en ella a nuestro disco duro.

i. **F**............: Es un sistema real o virtual de organización de la información mediante una clasificación determinada y almacenada de diversas formas para su conservación y fácil acceso en cualquier momento.

j. **B**............: Permite al usuario comenzar una acción, como buscar, aceptar una tarea, interactuar…

k. **E**............: Conexión de una página web con otra mediante una palabra que representa una dirección de Internet. Generalmente está subrayado y es azul. También sirve para la descarga de ficheros, abrir ventanas, etc.

l. **L**............: Es la representación de una empresa u organización. Puede tener letras e imagen.

5.10. Completa el siguiente diálogo con las palabras anteriores.

Hugo: ¿Has entrado en **(a)** .... del instituto hoy? Lo han cambiado, está mucho mejor, más fácil de usar.

Olivia: ¡Ah! Sí, sí. Tenía que **(b)** .... los apuntes del profe de Historia, y he tardado un montón porque no podía abrir **(c)** .... ¡Puf! ¡Qué rollo!

Hugo: ¡No me digas! Yo lo he hecho en un momento con el **(d)** .... que tiene en su página web. Hice **(e)** .... y ahí estaban los diez folios del "temita" de esta semana.

Olivia: ¿De verdad? Pues no lo entiendo… A mí me salían un montón de **(f)** .... que me distraían un montón… uno muy interesante… era del Centro Cultural nuevo del barrio. Parece que tiene una biblioteca donde podemos ir a estudiar. ¡Voy a escribir sobre ello hoy en mi **(g)** ....!

Hugo: ¡Vale! Hazlo porque ya era hora de que tuviéramos una cerquita.

5.11. Observa los siguientes carteles publicitarios que pertenecen a diferentes décadas de la publicidad en España y escribe las características de cada uno de ellos según su década.

1940
....
....
....
....

1950
....
....
....
....

1960
....
....
....
....

1970
....
....
....
....

1980
....
....
....
....

1990
....
....
....
....

44 • cuarenta y cuatro

Características

1. El alcohol se presenta como algo positivo: estomacal, con sabor a fruta natural.
2. En estos años empezarán a verse las primeras campañas políticas e institucionales.
3. Las situaciones ideales van dirigidas a la emoción del consumidor para convencerle de que compre el producto.
4. En estos momentos ya no le dan importancia a convencer directamente al consumidor de forma indirecta con metáforas o la imagen de este.
5. Se generalizan los electrodomésticos que mejoran el nivel de vida.
6. La publicidad se convertirá en un instrumento capaz de generar y cambiar comportamientos.
7. Anuncios de objetos: alimentos, perfumería o licores.
8. Elemento necesario en el botiquín familiar.
9. Propaganda de la dictadura franquista: el país unido a través de la familia y el trabajo duro.
10. Mensajes más enfocados al ocio y el bienestar, es decir, coches, cámaras de fotos, teléfonos, refrescos que se beben en la playa en vacaciones…
11. La Dirección General de Tráfico preocupada por el correcto uso del cinturón de seguridad.
12. El electrodoméstico te hará feliz.
13. Comienzan a aplicarse las técnicas de *marketing* norteamericano.

5.12. Escribe un texto de entre 80-100 palabras sobre la publicidad actual en tu país.

5.13. Escribe de nuevo la dirección de las cartas con las abreviaturas necesarias.

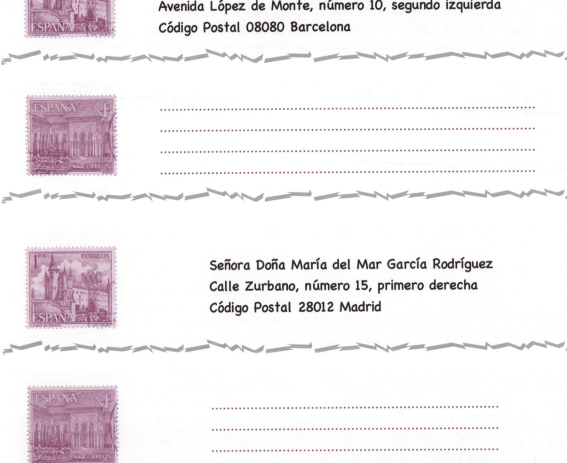

Sr. D. Alberto Márquez Silvestre
IES Miguel de Cervantes
Avda. López de Monte, n.º 10, 2.º izq.
C.P. 08080 Barcelona

Sra. D.ª María del Mar García Rodríguez
C/ Zurbano, n.º 15, 1.º dcha.
C.P. 28012 Madrid

5.14. Sustituye las expresiones en negrita por su sigla o acrónimo.

a. El **Documento Nacional de Identidad** es la identificación de los españoles. ....
b. Fui en el tren de **Alta Velocidad Española** de Madrid a Valencia por 135 **euros**. ¡Fue rápido y cómodo! ....
c. Yo quiero trabajar de mayor en la **Organización de las Naciones Unidas**, por eso estudio varios idiomas, y cuando vaya a la Universidad estudiaré para sacarme el **Diploma de español como lengua extranjera**. ....
d. Me parece muy interesante ser socio de esta **organización no gubernamental**. Ellos trabajan para conseguir cambios reales en la vida de los niños en los países en desarrollo. ....
e. Me encanta que mi móvil tenga un **Sistema de Posicionamiento Global**, porque puedo enviar a mis amigos la dirección exacta de dónde estoy. ....
f. Mi **ordenador personal** se ha roto y estoy muy preocupada con las fechas para entregar el trabajo de Geografía. Y es que este año acabo 4.º de **Educación Secundaria Obligatoria**. ....

Ejercicios

Unidad 6

6.1. Relaciona cada frase con la persona que crees que la ha dicho.

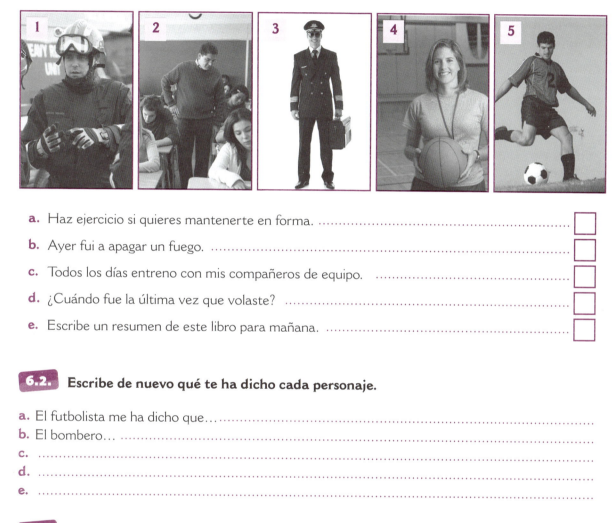

a. Haz ejercicio si quieres mantenerte en forma. .... ☐
b. Ayer fui a apagar un fuego. .... ☐
c. Todos los días entreno con mis compañeros de equipo. .... ☐
d. ¿Cuándo fue la última vez que volaste? .... ☐
e. Escribe un resumen de este libro para mañana. .... ☐

6.2. Escribe de nuevo qué te ha dicho cada personaje.

a. El futbolista me ha dicho que… ....
b. El bombero… ....
c. ....
d. ....
e. ....

6.3. a. Lee el texto y contesta a las preguntas.

Mi entrevista de trabajo

Esta mañana he tenido mi primera entrevista de trabajo. Me he levantado pronto y he preparado el desayuno, aunque no he comido mucho ya que estaba pensando en las preguntas que podrían hacerme. Estaba nerviosísimo, pero pienso que ha ido todo bien, al menos eso creo. Ahora tengo que esperar. Me han hecho muchísimas preguntas. Nada más llegar, me han preguntado si conocía la empresa. Yo les he dicho que sí, porque había mirado información sobre la empresa en Internet. Después me han preguntado dónde había trabajado antes y yo no sabía qué responder porque no

cuarenta y siete • **47**

tengo experiencia, pero he sido honesto y les he dicho la verdad. Luego me han preguntado que si me interesa trabajar por la tarde (claro que sí), que si tenía coche para desplazarme (¡Vaya!), que si sabía hablar en otros idiomas… Han sido muchas preguntas. Para finalizar me han preguntado por qué quería trabajar en esa empresa. He dudado un poco y les he dicho que pensaba que era el trabajo perfecto para mí. No sé si he hecho bien contestando eso. En fin, voy a cruzar los dedos.

1. ¿Conoce la empresa? ....
2. ¿Dónde ha trabajado antes? ....
3. ¿Le interesa trabajar por la tarde? ....
4. ¿Tiene coche? ....
5. ¿Sabe hablar en otros idiomas? ....
6. ¿Por qué quiere trabajar en esta empresa? ....

b. Lee de nuevo el texto y marca verdadero (V) o falso (F).

	V	F
1. El chico tiene mucha experiencia haciendo entrevistas de trabajo.		
2. El chico estaba un poco nervioso.		
3. Tiene que esperar para saber si ha sido seleccionado.		
4. Le han preguntado si tenía permiso de conducir.		
5. El chico había mirado información de la empresa en Internet antes de la entrevista.		

6.4. Imagina la entrevista anterior y escribe el diálogo en estilo directo, como en el ejemplo.

▶ ¿Conoces nuestra empresa?

▷ Sí, he visto la página web de la empresa en Internet y me parece muy interesante.

▶

▷

▶

▷

▶

▷

6.5. Imagina que tú eres el chico del ejercicio anterior y recibes esta carta de la empresa que te hizo la entrevista. Completa la información que falta.

....
....

☐ candidato:

Después de la realización de la entrevista y valorando sus cualidades y aptitudes para el puesto que necesitamos cubrir en nuestra empresa le hemos seleccionado para una segunda entrevista que llevaremos a cabo a lo largo de la semana que viene.
Por favor, le rogamos se ponga en contacto con nosotros para acordar una fecha para la realización de la misma a través de nuestra dirección de correo electrónico laentrevista☐mailmail☐.

En espera de sus noticias, reciba un ☐

....
....

6.6. Identifica errores en estas frases y corrígelos.

a. Ha dicho quiere viajar por Europa.
....

b. Siempre pregúntame cuándo voy a volver.
....

c. Le comentado que necesita un cambio en su vida.
....

d. Me recomiendo que vaya a un gimnasio como el suyo.
....

e. Nos ha preguntado aceptaremos su invitación.
....

6.7. Escribe las siguientes frases en estilo indirecto.

a. Marta: "Hace dos meses que vivo aquí y he aprendido mucho de esta ciudad".
....

b. Ángel: "No estoy de acuerdo con esta persona".
....

c. Luis y Andrés: "Ayer terminamos ya nuestro trabajo de Física".
....

d. Ana: "¿Quieres venir al teatro conmigo?".
....

e. Luis: "Creo que esta mañana han echado un programa sobre Kenia".
....

6.8. Pedro se ha comprado un robot que todas las mañanas le recuerda todo lo que tiene que hacer durante el día. Vuelve a escribir el mensaje en estilo indirecto.

> Buenos días, Pedro. Levántate y haz la cama. Prepara el desayuno, dúchate y vístete. Ve al colegio. Tienes que estudiar mucho. Vuelve a casa después de las clases.

El robot me ha pedido que… ....
....
....
....
....

6.9. Recuerda con quién has hablado hoy y escribe qué te ha dicho.

He hablado con…   y me ha dicho/preguntado…
....
....
....
....

6.10. Relaciona estas preguntas con las siguientes situaciones.

1. ¿Cómo funcionará? ....•
2. ¿Dónde estará? ....•
3. ¿Quién será? ....•
4. ¿Qué habrá pasado? ....•
5. ¿Dónde los compraría? ....•
6. ¿Por qué iría? ....•

• a. Estás en tu casa y escuchas un ruido enorme en el piso de arriba.
• b. Tu hermano fue ayer a la fiesta de cumpleaños de su mayor enemigo.
• c. Tu madre te regala un robot sin libro de instrucciones.
• d. Recibes una llamada en tu móvil con número oculto.
• e. No encuentras en tu armario tu camiseta favorita.
• f. Te gustan los nuevos zapatos que tu vecino se compró ayer.

6.11. **a.** Estamos paseando por la ciudad y vemos que muchos periodistas hacen fotos a un hombre que no conocemos. Relaciona las palabras de las diferentes columnas para hacer preguntas.

1. ¿Cómo ….•   •…… años ……•   •………… aquí?
2. ¿Cuántos ..•   •…… será ……•   •………… famosa?
3. ¿Habrá …..•   •…. cerca de ……•   •………… llamará?
4. ¿Tendrá ….•   •…… estará ……•   •………… tendrá?
5. ¿Cuál …….•   •… una novia …..•   •…… su profesión?
6. ¿Vivirá …..•   •…… hecho ……•   •………… películas?
7. ¿Qué …….•   •……… se …….•   •………… diciendo?

b. Piensa ahora en una posible respuesta para cada una de las preguntas del ejercicio anterior y escríbela.

1. ………………………………………………………………………………………………
2. ………………………………………………………………………………………………
3. ………………………………………………………………………………………………
4. ………………………………………………………………………………………………
5. ………………………………………………………………………………………………
6. ………………………………………………………………………………………………
7. ………………………………………………………………………………………………

6.12. **a.** Mira el dibujo y completa las frases.

1. La chica no está en una tienda, sino en ………………….
2. No hay dos libros encima de la mesa, sino …………………
3. La chica no está leyendo, sino ………………….
4. La chica no tiene el pelo corto, sino ………………….
5. En la estantería no hay discos, sino ………………….
6. Parece que la chica no está sentada, sino ………………….
7. Cuando termine su trabajo no volverá a casa, sino que…
………………………………………………………………………………….

b. Ordena estas palabras para formar preguntas y escribe una posible respuesta.

1. ¿esa chica/por qué/a la biblioteca/habrá ido?   …………………………………………
2. ¿escribiendo/qué/estará?   …………………………………………
3. ¿estará/por qué/sola?   …………………………………………
4. ¿no/por qué/sentada/estará?   …………………………………………
5. ¿será/hora/qué?   …………………………………………
6. ¿cuando/dónde/salga de/irá/la biblioteca?   …………………………………………

6.13. Encuentra en esta sopa de letras nueve marcadores de hipótesis.

P	A	R	A	M	B	E	R	O	S	I	M	B
A	R	L	I	Z	R	T	A	V	U	E	N	C
Y	J	O	G	Í	A	N	Z	E	P	R	S	Á
A	B	E	B	A	N	E	L	Ú	O	D	E	T
L	E	D	O	A	S	M	A	F	N	I	T	A
O	G	U	E	N	B	E	S	I	G	U	A	L
M	F	A	R	X	E	L	T	A	O	N	P	V
E	C	Q	Ú	H	L	B	E	R	S	I	C	E
J	P	U	E	D	E	I	R	M	I	G	E	Z
O	Q	I	K	I	R	S	M	O	E	O	L	H
R	Í	Z	M	T	C	O	E	S	S	N	E	Ó
É	S	Á	R	E	Ñ	P	N	I	T	E	T	S
F	A	S	E	G	U	R	A	M	E	N	T	E

6.14. Relaciona estos marcadores de hipótesis con el final de la frase.

A lo mejor • Puede que • Tal vez • Lo mismo
Creo que • Puede ser que • Supongo que
Yo diría que • Seguramente • Igual
Es posible que • Quizás • Me parece que
Es probable que • Para mí que • Probablemente

...la rana es un príncipe.	...la rana sea un príncipe.	...la rana es/sea un príncipe.

6.15. Completa con el verbo entre paréntesis en indicativo o subjuntivo.

a. Me parece que este cuento .... *(tener)* muchos años.
b. Tal vez tus sueños .... *(hacerse)* realidad.
c. Para mí que el príncipe azul no .... *(existir)*.
d. Es posible que algún día .... *(conocer)* a la mujer de mis sueños.
e. Puede que tu nariz .... *(crecer)* si no me dices la verdad.
f. Quizás los cuentos de hadas .... *(ayudar)* a soñar.
g. A lo mejor los sueños .... *(cumplirse)*.
h. Es probable que algún día todos .... *(ser)* felices para siempre.

6.16. Tonino es un chico muy especial. Escribe hipótesis para intentar adivinar por qué no hace estas cosas.

a. Tonino nunca usa paraguas.
   Quizás ....

b. Tonino nunca va a la playa.
   Es posible que ....

c. Tonino nunca bebe leche.
   Puede que ....

d. Tonino nunca ve la televisión.
   A lo mejor ....

e. Tonino nunca usa su teléfono.
   Probablemente ....

f. Tonino nunca ha montado en avión.
   Para mí que ....

g. Tonino nunca compra ropa.
   Tal vez ....

h. Tonino nunca ha jugado al fútbol.
   Es probable que ....

i. Tonino nunca se hace fotos.
   Yo diría que ....

j. Tonino hoy no ha ido a la escuela.
   Creo que ....

k. Tonino nunca se levanta temprano.
   Quizás ....

l. Tonino nunca come verduras.
   Es posible que ....

m. Tonino hoy está enfadado.
   Para mí que ....

6.17. Escribe frases pensando en tus próximas vacaciones.

a. Es posible que en mis vacaciones… ....
   ....

b. Quizás… ....
   ....

c. A lo mejor… ....
   ....

d. Puede ser que… ....
   ....

e. Tal vez… ....
   ....

f. Me imagino que… ....
   ....

g. Igual… ....
   ....

cincuenta y tres • **53**

6.18. Haz hipótesis sobre estas imágenes.

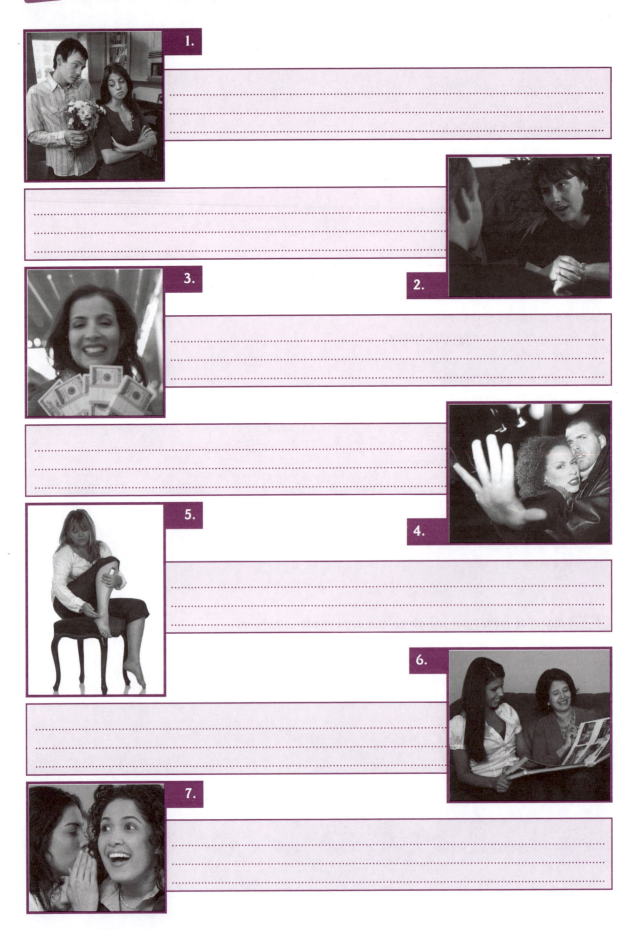

6.19. Une las dos partes para formar palabras con diéresis.

1. Bi .... •   •...... **a.** güedad
2. Ci .... •   •...... **b.** lingüe
3. Anti .... •   •...... **c.** güística
4. Ver .... •   •...... **d.** güeña
5. Lin .... •   •...... **e.** güenza

6.20. Lee el siguiente texto y escribe la diéresis (ü) cuando sea necesaria.

Mi amigo Koke es piraguista y vive en Paraguay. Su piragua es un poco antigua, la compró en una tienda de segunda mano porque no tenía mucho dinero. Como sus amigos tienen piraguas nuevas, a él le da un poco de verguenza ir al lago a remar con ellos. Compite en muchas carreras pero nunca consigue ganar una. Hace poco se ha dado cuenta de que tiene un agujero por donde entra agua en la piragua. Si quieres ayudarle puedes encontrarle entrenando en el lago con el resto de piraguistas. Es muy fácil reconocerlo porque su nombre está escrito en la lengueta de sus zapatillas con el logo de una cigueña amarilla.

6.21. Elige la opción correcta en el siguiente diálogo.

Juan: ¿*A dónde/ Donde* has ido?
Miguel: *Adónde/Adonde* estuvimos con Carlos.
Juan: ¿Y *por qué/porqué* no me avisaste?
Miguel: Supongo que sabes el *porque/porqué*.
Juan: *Sino/Si no* me lo dices, hablaré con él.
Miguel: Puedes llamarle a su casa. *Asimismo/Así mismo* podrás hablar con su hermano.

6.22. Transforma el diálogo de la actividad anterior en estilo indirecto.

a. Juan le pregunta a Miguel… ....
b. Miguel responde… ....
c. Juan… ....
d. ....
e. ....
f. ....

Índice

Unidad 1 .... pág. 3

Unidad 2 .... pág. 10

Unidad 3 .... pág. 18

Unidad 4 .... pág. 27

Unidad 5 .... pág. 37

Unidad 6 .... pág. 47